Bitte
am Lack
ACADÉMIE DE
CUISINE

Thomas

Spitzenköche

zwischen Rhein und Maas

Heinz Anschlag

Spitzenköche

zwischen Rhein und Maas

Tecklenborg

Inhalt

Cocktailbilder von Seite 5 bis 7:

Seite 5: Cocktail Laguna
Seite 6: Cocktail Campirinha
Seite 7: Aperitif Mulsum Sprizz

Rezepte auf Seite 258

Spitzenköche und Newcomer zwischen Rhein und Maas

Den Niederrhein erkennt man sofort. Weite Landschaft, Verzicht auf Hügel oder noch extreme Erhebungen, urige Höfe und Dörfer wie aus einer anderen Zeit. Da spielt es keine Rolle, dass keiner so genau sagen kann, wo sie anfängt, die ganz besondere Gegend, und wo sie zu Ende ist. Am Rhein und nördlich von Köln geht es los, glauben die meisten: vermutlich schon in Düsseldorf, gewiss in Duisburg. Moers und Geldern gehören ohne jeden Zweifel zum Niederrein, Xanten und Kevelaer sowieso. Und man sollte nicht denken, dass die Niederrhein-Landschaft aufhörte, nur weil die Maas, weil die Grenzen zu den Niederlanden und Belgien in Reichweite kämen: Idylle kennt weder Nationalitäten noch Schlagbäume.

Die Begeisterung für die Region zwischen Rhein und Maas teilte bereits der bekannte Kabarettist Hanns Dieter Hüsch, und kein Künstler hat die Menschen der Region auf treffendere Weise charakterisiert. Gelassen sind sie, die Niederrheiner, zufrieden mit sich und der Welt, manchmal ein bisschen rau, aber durchaus den heimischen Genüssen zugetan. Sie haben auch allen Grund dazu, denn am Niederrhein gibt es viel zu erschmecken. Spitzenkochkunst, mit unerhörter Kreativität zubereitet, oder modernisierte Regionalküche. In Xanten beweist man, dass man den römischen Kolonialisten nacheifern und Gerichte von vor 2.000 Jahren auf eine neue Weise zubereiten kann, in Geldern sorgt eine junge, frische Art von Restaurant für begeisterte Kunden, und im Kasteel Altembrouck lässt man Wagyu-Beef aus eigener Zucht auftischen. Nur drei Beispiele für das, was kulinarisch zwischen Rhein und Maas möglich ist.

In diesem Buch werden nicht nur die besten Restaurants vorgestellt, sondern auch die spannendsten Einkaufsquellen. Käse aus niederrheinischer Herkunft, Äpfel in unzähligen alten Sorten, Pilze: Fotograf Heinz Anschlag hat es sich nicht nehmen lassen, persönlich die besten Produkte der Region ausfindig zu machen. Wer da nicht auf der Stelle Lust bekommt, den Niederrhein und dessen Grenzen zu erkunden, mit dem Rad, dem Wagen oder zu Fuß, dem ist nicht zu helfen.

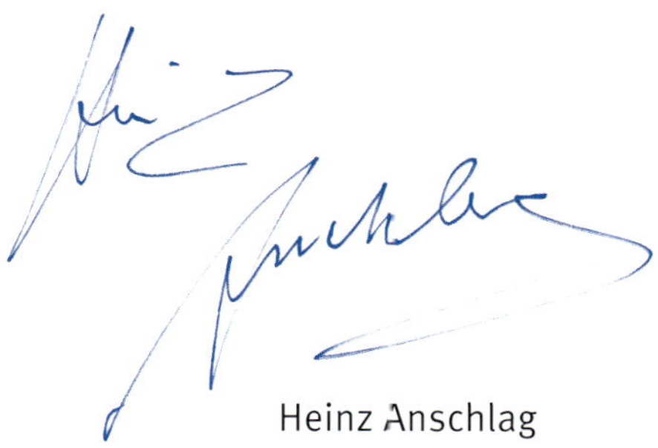

Heinz Anschlag

Dreiländereck mit Weinkultur

Kaum eine Region in Deutschland ist ähnlich polyglott wie der Süden der Niederrheinregion. Im Dreiländereck bei Heinsberg und Aachen lebt man schon seit Ewigkeiten in grundsätzlichem Einvernehmen mit den Nachbarn im Westen. Belgien und die Niederlande sind nah, man fährt gern mal zum Einkaufen und Essen nach Venlo oder Maastricht, empfängt ebenso gern die Niederländer oder Belgier daheim zum Essen. Die Aufgeschlossenheit dürfte auch mit den alten und neuen Handels- und Urlaubsrouten zu tun haben. Das Aachener Land war schon vor Jahrhunderten Durchgangsstation für Prominente und Normale, die Eifel ist nah, Köln liegt ums Eck.

Logisch, dass sich die südniederrheinischen Köche immer schon inspirieren ließen von dem, was von außen zu ihnen drang. Aachener Printen bereichern heute ihre Küche, das in der Eifel erlegte Wild wird nach allen Regeln der Kunst zubereitet. Man kocht mit Kartoffeln und Möhren, lässt gern das Bier zu seinem Recht kommen: nicht nur als Getränk zum Essen, sondern auch als Zutat zu Selbigem. Südlich von Wassenberg und Wegberg spielen immer mehr Einflüsse der niederländischen Gastkultur eine Rolle, bereichert um Fleisch aus eigener Zucht engagierter Niederrhein-Köche. Und wer Wagyu-Beef genießen möchte, muss nicht nach Japan reisen, sondern kann es in Belgien erwerben.

Sogar die Weinkultur sollte nicht abgeschrieben werden. Rainer Hensen, Küchenchef der Heinsberger Burgstuben Residenz, hat eine grandiose Auswahl an Flüssigem zusammengetragen. In geringen Mengen werden am südlichen Niederrhein sogar Trauben gekeltert, wird niederrheinischer Wein hergestellt. Bis die hiesige Weinkultur allerdings jene der Niederlande erreicht, muss noch viel Wasser die Maas hinunterfließen: Vor allem die Gegend um Maastricht hat sich zu einem wahren Paradies für Weinkenner entwickelt, niederländischer Riesling und Auxerrois werden längst respektiert. Ein weiterer Baustein, um das kulinarische Paradies Niederrhein weiter zu verschönern.

Das Fleisch der berühmten Wagyu-Rinder bringen viele Gourmets ausschließlich mit Japan in Verbindung. Tatsächlich sind die japanischen Gourmets die ersten gewesen, die mittels einer besonderen Rindfleischrasse und einer speziellen Art der Aufzucht einzigartiges Fleisch produzieren konnten: saftig und von geschmacksgebendem Fett durchzogen. Doch die asiatischen Züchter sind längst nicht mehr allein. Das belgische Kasteel Altembrouck, eines der renommiertesten Hotels im Dreiländereck, hat sich seit 1996 in Bezug auf das Wagyu-Beef einen Namen gemacht und zwar nicht mit importiertem, sondern mit auf belgischen Weiden langsam und artgerecht herangezogenem Beef. Küchenchef Alexander Wulf, aufgewachsen im deutschen Erkelenz und immer neugierig auf Herausforderungen, arbeitet schon seit Langem mit dem ganz besonderen Produkt, zu dem sich in der Zwischenzeit eine weitere Delikatesse gesellt hat. Der Küchenchef des Hotels Altembrouck hat längst herausgefunden, dass Mangalitza oder Mangalica-Schweine, eine alte ungarische Rasse, besonders hochwertiges Fleisch liefern. Man müsste Kotelett und Filet, Schulter und Bauchfleisch gar nicht mit vielen Gewürzen umgeben, könnte es einfach mit Salz und Pfeffer würzen, so viel Eigengeschmack besitzt es. Alex Wulf probiert für die à la carte essenden Gäste und für Veranstaltungen vieles aus, versucht aber immer, den Charakter des Fleisches, das am besten bei Temperaturen von unter 80 Grad gegart wird, damit es seinen Saft behält, nicht zu überdecken. Dazu passen frische Steinpilze vom Niederrhein, Kürbis und gern auch, sorgfältig abgemessen, asiatische Gewürze wie Ingwer, Kokosmilch oder Ketjap Manis. Was allerdings nicht bedeutet, dass hier nicht auch andere Produkte Verwendung finden würden, dass im Restaurant nicht auch frischer Fisch, Spargel und Wild im Angebot wäre – vor allem die Spezialitäten aus den belgischen Wäldern bereichern Alexander Wulfs Ideenfundus.

Zutaten für 4 Personen

1 Stück Mangalica-Nackenfleisch, ca. 1 kg
1 TL Sojasauce
1 TL Mirin (japanischer Reiswein)
1 TL Knoblauch, geschnitten
1 Stück Zitronengras
Salz
1 Prise Pfeffer
1 TL Ketjap Manis (asiatische Gewürzsauce)
10 g Ingwer
20 ml Olivenöl
100 g Steinpilze
2 Schalotten
1 Knoblauchzehe
20 ml Olivenöl
2 TL Petersilie, Salz
1 Prise Pfeffer
1 TL Parmesan

Mangalica-Schwein

mit Steinpilzen

Zubereitung

» Den Schweinenacken mit Salz und Pfeffer würzen und scharf anbraten, aus der Pfanne nehmen und beiseite legen. In derselben Pfanne, in der noch Röstaromen vorhanden sind, Ingwer und Zitronengras anbraten und die Pfanne vom Feuer nehmen.

» Den Knoblauch dazugeben, mit Sojasauce, Mirin, Ketjap Manis und Olivenöl ablöschen. Den Nacken in einen Vakuumbeutel geben, mit dem Inhalt der Pfanne marinieren und vakuumieren, bei 70° C für 14 Stunden bei Heißluft garen.

» Die Steinpilze klein schneiden und in Olivenöl anbraten, die klein geschnittenen Schalotten und den Knoblauch dazugeben, mit Petersilie, Salz, Pfeffer und Parmesan abschmecken.

» Den Nacken dünn aufschneiden und mit der Pilzmischung einrollen. Nach Belieben mit Salat anrichten.

Wagyu
AUERHAHN

Wagyu-Beef
mit Kürbis

Zutaten für 4 Personen

4 Wagyu-Rippenstücke à 130 g
25 ml Sojasauce
je 1 TL Ingwer und Knoblauch, klein geschnitten
1 EL Olivenöl
Salz/Pfeffer
500 g Hokkaido-Kürbis
300 ml Kokosmilch
1 TL Ingwer
3 TL Zwiebeln, klein geschnitten
Salz/Pfeffer
1 Prise Muskatnuss

300 ml Wagyu-Fond
30 g Butter, Chili
1 Prise Curry
1 Schuss Noilly Prat (französischer Wermut)
1 TL Knoblauch, klein geschnitten
100 g Muskatkürbis
100 ml Wasser
20 ml Essig
10 g Zucker
1 Strauß Dillblüten
Sternanis
1 TL Senfkörner
1 TL Salz

Zubereitung

» Das Wagyu-Rippenstück mit Salz und Pfeffer würzen und scharf anbraten, aus der Pfanne nehmen und in dem Fett die Gewürze anbraten. Mit Sojasauce ablöschen und abkühlen lassen.

» Das Fleisch mit der Marinade in einen Vakuumbeutel geben und einschweißen. Für 2 Stunden liegenlassen und dann in den Backofen geben (10 Stunden bei 70° C garen).

» Kürbis in Butter anschwitzen, Zwiebeln, Ingwer, Currypulver und Knoblauch dazugeben. Für ca. 5 Minuten ziehen lassen, mit Noilly Prat ablöschen, Wagyu-Fond, Chili und Kokosmilch dazugeben und den Kürbis weich kochen lassen (30 Minuten). Aus dem Saft nehmen und im Mixer pürieren, bis die gewünschte Konsistenz erreicht ist. Mit Salz, Pfeffer und Muskatnuss abschmecken.

» Wasser mit den Gewürzen aufkochen, Zucker, Essig und Dillblüten hineingeben und mit Salz abschmecken. Den Kürbis in Würfel schneiden, mit dem Saft aufgießen und ca. 3 Stunden ziehen lassen.

Am Namensgeber des Reuters House kommt auf Dauer niemand vorbei – zumal man dessen Namen nicht nur außen am Restaurant lesen kann, sondern auch jeden Morgen in der Zeitung wahrnimmt. Paul Julius Reuter war der Gründer der Nachrichtenagentur, die noch heute den Namen Reuters trägt. Und weil er viele Jahre in dem Gebäude lebte, das heute ein Restaurant beherbergt, ist die Verbindung zu Aachen nicht von der Hand zu weisen.

Die Nachricht von der Eröffnung des nach Reuter benannten Lokals hat sich allerdings auch ohne dessen Zutun rasch verbreitet. In der von traditionellen Lokalen nur so wimmelnden Kaiser-Metropole geriet die Schaffung eines modern und frisch wirkenden Etablissements rasch zum Ereignis. Schon deshalb, weil das Reuters House nur ein Teil der kulinarischen Gruppe Cusina Culinaria ist: Das ebenfalls in Aachen beheimatete Restaurant Degustino gehört mit seinem unkomplizierten Ambiente zum Gesamtpaket, eine Catering-Abteilung sorgt für zufriedene Gesellschaften und Firmenevents. Küchenchef und Mitinhaber Michael Wolf, der das Haus zusammen mit Konstantin Archontoglou führt, ist für alle Bereiche zuständig und immer auf der Suche nach neuen Kombinationen. Wirklich niederrheinisch ist hier wenig, mediterran aber eine Menge – und verspielt sowieso. Iberico-Schweinebäckchen schmort der Chef nicht weniger als 36 Stunden, um sie dann mit hausgemachter Pasta zu servieren, die Jakobsmuscheln werden, in Begleitung von Seeteufel-Tranchen, mit einem von der nordafrikanischen Küche inspirierten Tabbouleh greicht. Danach vielleicht Sorbet von der Callebaut-Schokolade, eine klassische Crême brûlée oder das Parfait von weißer Schokolade mit Chiliaprikosen? Einzig der Old Amsterdamer als Käsegang nach Fleisch, Fisch oder vegetarischen Kreationen lässt daran denken, dass Aachen ziemlich nah an der niederländischen Grenze liegt. Genau von dort stammen auch viele Gäste, die mal im Reuters House, mal im Degustino einkehren und klassischer, eher steifer Gourmet-Gastronomie keine Träne nachweinen. Wenn die Alternative so locker und kreativ daherkommt wie die in Paul Julius Reuters alter Wohnung!

Weißes Schokoladenparfait

mit gebrannten Mandeln unter einer karamellisierten Joghurthaube und Chilipaprikosen

Zutaten für 10 Personen

9 Eigelb
250 g Zucker
250 ml Milch
250 ml Sahne
250 g gebrannte Mandeln
500 g weiße Callebaut-Schokolade
750 ml geschlagene Sahne
1 Vanilleschote
1 Tonkabohne
1 Zweig Rosmarin
1 Zimtstange
1 Sternanis
Abrieb von 1 Orange und 1 Zitrone

Aprikosen

20 zuckersüße Aprikosen
150 g Zucker
1 Chili, frisch
in Ringe geschnitte
Rosmarin, Zitronengras
150 ml Orangensaft
1 Vanilleschote

außerdem

1 kg Joghurt (10 Prozent Fett)
100 g Rohrzucker
frische Minze,
Beeren und Puderzucker
zum Garnieren

Zubereitung

» Eigelb mit Zucker, Milch, Sahne und Gewürzen im Wasserbad aufschlagen und kalt schlagen. Schokolade schmelzen und in die leicht abgekühlte Masse geben. Abkühlen lassen, Tonkabohne fein reiben, die gebrannten Mandeln mit dem Schalenabrieb von Orange und Zitrone einrühren, zum Schluss die geschlagene Sahne unterheben. Alles in eine Form füllen und tiefkühlen.

» Aprikosen waschen, halbieren, Steine entfernen. Zucker mit Gewürzen und Saft 5 – 8 Minuten dicklich in einem Topf bei mittlerer Temperatur einkochen lassen. Aprikosen mit der Vanilleschote und dem Sirup übergießen und ca. für 20 Minuten bei 140° C im Backofen garen.

» Zum Anrichten Parfait aus dem Tiefkühler nehmen, in Würfel schneiden. Mit einem heißen Löffel eine Joghurtr ocke ausstechen, auf einen Parfaitwürfel legen, mit Rohrzucker bestreuen und mit einem Brenner vorsichtig karamellisieren. Aprikosen aus dem Ofen holen, jeweils auf jeder Seite 2 Hälften anrichten. Den Sud durch ein Sieb streichen und über das Dessert gießen. Mit Minze, Puderzucker und Beeren dekorieren.

Seeteufel und Jakobsmuscheln auf Orangen-Tabbouleh

mit Gewürz-Rhabarber und tasmanischer Pfefferbutter

Zutaten für 4 Personen

für den Fisch

1 Seeteufel von 1 – 1,5 kg, filetiert
8 große Jakobsmuscheln ohne Schale
1 Stange Zitronengras
1 Orange, 1 Zitrone
Thymian und Rosmarin
Olivenöl zum Anbraten
Salz, Pfeffer

für den Rhabarber

200 g Zucker
50 ml Wasser
8 Stangen Rhabarber, abgezogen
80 g Himbeeren
2 Vanilleschoten (Mark plus leere Schoten)
1 Zimtstange
2 Scheiben frischer Ingwer
2 Prisen Chili, getrocknet (Pul Biber aus einem türkischen Geschäft)
2 Zweige Thymian
2 Stangen Zitronengras (Asia-Laden)

für die tasmanische Pfefferbutter

250 g Butter
50 g tasmanischer Pfeffer
1 Orange, unbehandelt
1 Zitrone, unbehandelt
10 Blatt Basilikum, in feinen Streifen

für das Tabbouleh

2 dicke Saftorangen plus Abrieb, unbehandelt
1 Zitrone plus Abrieb, unbehandelt
2 Schalotten
4 Knoblauchzehen
5 – 6 EL Olivenöl
300 g Perlgraupen, fein
1 Chili, frisch in feine Ringe geschnitten
800 ml Gemüsefond
150 ml Weißwein, trocken, oder Holundersaft
1 Karotte, in feine Würfel geschnitten (in der Größe von Perlgraupen)
2 Zweige vom Staudensellerie, in feine Würfel geschnitten
1 Fenchelknolle plus Grün, in feine Würfel geschnitten
½ Bund glatte Petersilie
120 g Parmesan, gerieben, 2 Zweige Thymian

Zubereitung

» Für die tasmanische Pfefferbutter die Butter mit Pfeffer (gemahlen oder geschrotet) mischen, Schale und Saft der Früchte dazugeben und cremig aufschlagen. Zum Schluss Basilikum unterheben und kühl stellen. Später Pfefferbutter portionieren und in den Kühlschrank stellen.

» Für den Rhabarber Zucker mit Wasser aufkochen und 4 – 5 Minuten dicklich einreduzieren lassen. Den Rhabarber in 4 – 5 cm große Stücke schneiden und in einem tiefen Backblech ausbreiten. Mit den Himbeeren bestreuen. Die aufgeschnittene Vanilleschote samt Mark, Zimtstange, Zitronengras, Chili, Ingwer und Thymian dazugeben. Den Rhabarber mit dem Zuckersirup begießen und bei 140° C im Backofen ca. 20 – 30 Minuten garen.

» In der Zwischenzeit für das Tabbouleh Schalotten, Knoblauch und das Gemüse in feine Würfel schneiden. Gemüsefond in einer Kasserolle zum Kochen bringen, Olivenöl erhitzen und darin Schalotten, Knoblauch und Gemüsewürfel farblos anschwitzen. Graupen unter klarem Wasser abspülen und dazugeben, bei mittlerer Temperatur farblos anschwitzen. Chili und Thymian zugeben und die Graupen mit Weißwein ablöschen (wer keinen Alkohol mag, kann ersatzweise Holundersaft dazugeben). Die Flüssigkeit fast vollständig einreduzieren lassen, dann ein Viertel der heißen Gemüsebrühe zugeben und gelegentlich umrühren. Nach und nach den restlichen Fond angießen. Häufig, aber nicht ständig umrühren und so lange garen, bis die Graupen al dente sind.

» Petersilie waschen und kleinschneiden, Orange und Zitrone waschen und mit einer Reibe (Microplane) die Schale abreiben. Danach die Filets herausschneiden und den Saft auffangen. Petersilie, Zitronen- und Orangenfilets plus deren Abrieb sowie den Parmesan leicht unterheben.

» Für den Fisch den Seeteufel an den Enden abschneiden, so dass zwei gleich dicke Stränge entstehen. Diese dann in der Mitte halbieren, so dass vier gleich große Tournedos entstehen. Scharf in Olivenöl anbraten und mit Thymian, Rosmarin und Zitronengras sowie Salz und Pfeffer würzen und auf einem separaten Blech zum Rhabarber in den Ofen stellen (bei 140° C ca. 8 – 9 Minuten). Kurz vor Schluss die Jakobsmuscheln in Olivenöl kross anbraten.

Auf angewärmten Tellern anrichten.

Mit Sternen kennt sich Maurice de Boer bestens aus. Schließlich leitete der gebürtige Niederlänger jahrelang das berühmteste Restaurant Aachens, bis er eines Tages umsattelte. Nichts gegen die große Küche für die besonderen Gelegenheiten, aber viel für eine ehrliche, bodenständige, und gleichzeitig spannende Alltagsgastronomie.
So etwas wie den Ratskeller: ein Vorzeigerestaurant, ein Aushängeschild Aachens, eine erfolgreich geleitete Gastronomie für alle Fälle. Vorbereitet auf die neue Aufgabe, der sich Maurice de Boer vor mehr als zehn Jahren stellte, war der Wahl-Aachener bestens.
Im legendären Gala wurde lange Zeit die Prominenz nicht nur aus Aachen, sondern auch aus dem halben Rheinland bewirtet, und de Boer sorgte mit seinem Team für Zufriedenheit. In den Achtzigern und Neunzigern galt die Adresse als eine der feinsten in Deutschland, wurde mit Punkten, Sternen und anderen Auszeichnungen nur so überschüttet. Doch Maurice de Boer hatte schon zuvor in der französischen und niederländischen Spitzengastronomie Erfahrungen gesammelt, war die Karriereleiter nach oben geklettert.
Heute führt er nicht nur den Ratskeller mit seiner einzigartigen, den Marktplatz überblickenden Terrasse, sondern auch den benachbarten Postwagen, er betreut Veranstaltungsräume im Rathaus und richtet Caterings aus. Wenn es um Kulinarik geht, kommt in Aachen keiner so schnell am Fachwissen und an der Erfahrung des Chefs vorbei. Dass der mit der klassischen französischen Küche aufgewachsen ist, lässt sich nicht verleugnen: Kalbsfilet in Rosmarinkrusten, Cocktail von Flusskrebsen oder Loup de Mer könnten auf der kleinen, stets aktuell zusammengestellten Karte stehen – aber dass ihm auch die Region Aachen gefällt, lassen Spezialitäten wie das Printenparfait erkennen. Wer nicht auf die große kulinarische Oper setzen will, kehrt im legendären Postwagen ein, einer typischen Aachener Kneipe mit historischem Flair, und bestellt das berühmte Postreiterschnitzel, Badischen Wurstsalat oder Himmel en Erd, eine Kombination aus Blutwurst, Kartoffeln, Äpfeln und gerösteten Zwiebeln. So typisch für Aachen wie der Postwagen, wie der Ratskeller und wie Maurice de Boer selbst.

Wolfsbarsch auf Fenchelsalat

Zutaten für 4 Personen

2 Wolfsbarsche à 300 g
(oder Dorade Royal)
500 g grüner Spargel
etwas Salz
etwas Zucker
etwas Butter
2 Fenchelknollen
4 Tomaten
1 feiner Friseesalat
200 ml Traubenkernöl
50 ml Schalottenessig (rot)
grobes Meersalz
Pfeffer aus der Mühle

Zubereitung

» Die Wolfsbarsche mit einer Fischschere von ihren Stacheln und Flossen befreien; anschließend schuppen, ausnehmen und filetieren. (Das könnte aber auch ein freundlicher Fischhändler für Sie übernehmen!)

» Spargel putzen (2 cm am Stielende abschneiden), Wasser mit Salz, Zucker und etwas Butter aufkochen und den Spargel darin 5 Minuten blanchieren; danach eiskalt abschrecken. Spargel in je 3 gleichgroße Stücke teilen. Fenchel entblättern, Blätter waschen und putzen, 4 schöne große Blätter zur Seite legen (sie dienen später als Schale für den Salat). Die übrigen Fenchelblätter in Streifen schneiden (vorher Fäden ziehen). Tomaten enthäuten, Kerne entfernen und ebenfalls in Streifen schneiden. Friseeblätter (nur die gelben Blätter verwenden) in Eiswasser waschen und in kleine Stücke teilen.

» Rühren Sie aus dem Traubenkernöl, dem Schalottenessig, Meersalz und Pfeffer eine dicke Vinaigrette. Wolfsbarsch mit Pfeffer und Meersalz würzen und von beiden Seiten anbraten (insgesamt 6 Minuten, davon 4 Minuten auf der Hautseite).

» Mischen Sie die Spargel- und Friseestücke sowie die Fenchel- und Tomatenstreifen in die Vinaigrette und richten Sie den Salat in den 4 Fenchelschalen an. Die gebratenen Wolfsbarschfilets darauf legen und sofort servieren.

Printenparfait
mit Kumquats und Panforte

Zutaten für 4 Personen

für das Printenparfait

6 Eigelb
150 g Zucker
5 g Printengewürz
30 g Vanillezucker
500 g Sahne, geschlagen

Panforte

3 Eiweiß
2 Tassen Mandeln
1½ Tassen getrocknete Feigen
4 Kräuterprinten (Lambertz, Aachen)
1½ Tassen Mehl
1 TL Zimt
¾ Tasse Zucker
3-4 Oblaten (je nach Größe des Bleches)

Kumquatkompott

24 Kumquats
120 g Zucker
50 g Butter
200 ml Orangensaft

Zubereitung

» Für das Printenparfait das Eigelb und den Zucker schaumig (bis zur Rose) im Wasserbad aufschlagen. Im letzten Moment Gewürz und Vanillezucker zufügen und kalt weiterschlagen. Geschlagene Sahne unterheben und die Masse in eine Form füllen. Abgedeckt im Eisfach durchfrieren lassen.

» Für das Panforte Eiweiß und Zucker aufschlagen, Mandeln blanchieren und grob hacken, die Feigen hacken, die Printen grob zerkleinern, Mehl und Zimt zufügen.

» Alle Zutaten gut miteinander vermischen. Oblaten auf ein Backblech geben, die Masse gleichmäßig darauf verteilen und bei 160° C ca. 15 Minuten backen.

» Für den Kompott die Kumquats in Scheiben schneiden, zweimal blanchieren. Zucker in einem heißen Topf karamellisieren, die Butter unterrühren, mit dem Orangensaft ablöschen.

» Kurz aufkochen lassen, dann die Früchte unterheben und bei geringer Hitze noch ca. 15 Minuten ziehen lassen.

Rainer Hensen reist gern. Allein und mit seiner Frau, um neue Produkte kennenzulernen, um über Märkte zu streifen und um zu schauen, was die Kollegen in aller Welt so machen – gerne auch zusammen mit seinen Gästen. Die wissen schon, dass die Kochkurse zur Tradition geworden sind, dass der Küchenchef des preisgekrönten Restaurants mal nach Mallorca, mal nach Südfrankreich reist – stets einige Neugierige mit dabei. Kochkurse in der Ferne gehören zum festen Repertoire des etwas anderen Gourmetlokals am südlichen Niederrhein. Zum Anderssein zählt auch das hohe Produktbewusstsein, das Rainer Hensen über Jahrzehnte perfektioniert hat. Zutaten aus biologischer Erzeugung werden eingekauft, nach Möglichkeit aus der Gegend zwischen Rhein und Maas, manchmal aber auch aus Südfrankreich oder von anderswo. Beim Fleisch arbeiten die Burgstuben mit Züchtern der Region zusammen, beim Fisch wird nur ausgesuchte Ware mit Herkunftsnachweis eingekauft, und beim Gemüse macht sich Hensens Faible für alte, fast vergessene Sorten bemerkbar. Auch beim Wein lässt es der Chef, der sich schon als Jungkoch in seiner Heimat selbstständig machte, darauf ankommen: Von Anfang an setzte Rainer Hensen auf Flaschen erstklassiger deutscher, französischer oder spanischer Winzer. Genau diese Voraussicht erlaubt es den Gästen heute, spannende Weine reifer Jahrgänge zu trinken – zu Preisen, wie man sie nicht so schnell ein zweites Mal findet.

Die zu Moselriesling oder großem Bordeaux passenden Speisen erfindet Rainer Hensen mit seinem Team jeweils neu – ohne allzu sehr auf Trends einzugehen. Wild vom Niederrhein gilt als Burgstuben-Klassiker, eine Ochsenbacke mit Selleriemousseline repräsentiert die unkomplizierte Landhausküche, während die neugierigeren Gourmets Jakobsmuscheln mit Blumenkohl oder eine Trilogie vom Salzwiesenlamm bestellen. Und gleich nach der nächsten Gourmetreise fragen – vielleicht eine Wein-Genuss-Tour an die Nahe?

Variation von der Blaubeere
mit weißem Schokoladeneis

Zutaten für 4 Personen

Blaubeersorbet
200 g Blaubeerpüree (Fertigprodukt, z. B. Boiron)
½ Vanillestange
1 Stück Ceylon-Zimt
21 g Glukosepulver
50 g Zucker
120 ml weißer Portwein
1 Schuss Cassislikör
1 Blatt Gelatine, eingeweicht

Blaubeerkompott
200 g Blaubeeren
80 g Zucker
100 ml weißer Portwein
½ Vanillestange
1 Stück Ceylon-Zimt

Blaubeer-Ganache
100 ml Blaubeersaft
100 g weiße Kuvertüre, grob zerkleinert
1 Blatt Gelatine, eingeweicht

weißes Schokoladeneis
220 ml Vollmilch
100 ml fettarme Milch (1,5 %)
55 g Zucker
35 g Eigelb
90 g weiße Kuvertüre, zerkleinert

Vanille-Frischkäse
75 g Frischkäse
30 g Puderzucker
etwas Limettenabrieb und Vanillemark

Brot-Chip
150 g Pumpernickel
150 ml Milch

Zubereitung

» Alle Zutaten, bis auf die Gelatine aufkochen, die eingeweichte Gelatine darin auflösen und alles 15 Minuten ziehen lassen, dann durch ein feines Sieb passieren und nach dem Abkühlen in der Eismaschine gefrieren lassen.

» Zucker karamellisieren, mit Portwein ablöschen und mit den Gewürzen aufkochen. 15 Minuten ziehen lassen, nochmals aufkochen und durch ein Sieb auf die Blaubeeren gießen. Alles noch einmal aufkochen und sofort in ein Schraubdeckelglas füllen.

» Den Blaubeersaft aufkochen, auf die Kuvertüre gießen und das Ganze zu einer homogenen Ganache rühren, dann die Gelatine einarbeiten.

» Für das Eis den Zucker mit dem Eigelb vermischen, die Milch aufkochen, über das Zuckergemisch gießen und alles gut verrühren. Die Kuvertüre hinzugeben und nochmals verrühren, abkühlen lassen und in der Eismaschine cremig gefrieren lassen.

» Für den Frischkäse alle Zutaten gleichmäßig mischen.

» Für den Brot-Chip die Milch aufkochen und mit dem Pumpernickel im Thermomix zu einem feinen Püree mixen. Die Masse dünn auf eine Silikonmatte streichen und 40 Minuten bei 140° C trocknen. Trocken lagern.

Zutaten für 4 Personen

Saint-Pierre

4 Saint-Pierre-Filets à 80 g
Olivenöl
10 g Butter
1 Zweig Thymian
1 Knoblauchzehe, angedrückt
Salz, Pfeffer, Mehl

Geflügelbutter

200 ml Geflügelfond
80 g eiskalte Butter

Pfifferlinge in Geflügelbutter

100 g Pfifferlinge
40 g Geflügelbutter (siehe oben)
1 TL Thymianblätter
Salz, Pfeffer aus der Mühle

Gemüse

2 „Purple Haze“-Möhren (Urmöhren)
10 g Nussbutter (hell gebräunte und durch ein Tuch passierte Butter)
Salz, Pfeffer, Zucker
2 EL Geflügelbutter

Radieschen

20 Radieschen
10 g Nussbutter, Salz, Pfeffer, Zucker
2 EL weißer Balsamessig
2 EL Geflügelbutter
1 TL Radieschenblätter, fein geschnitten

Salsa verde

200 ml Olivenöl
1 Bund Petersilie
1 Bund Basilikum
1 Zweig Rosmarin
1 Zweig Thymian
1 TL Kapern
1 Knoblauchzehe
2 Sardellenfilets
Meersalz, Pfeffer

Saint-Pierre auf Mais-Butter-Sauce

mit Pfifferlingen, „Purple Haze"-Möhren & Radieschen

Zubereitung

» Die Saint-Pierre-Filets würzen, die Hautseite mehlieren und in Olivenöl mit der Hautseite nach unten anbraten. Knoblauch, Butter und Thymian dazugeben. Filets nach ca. 2 Minuten wenden, die Pfanne vom Herd ziehen und ca. 2 Minuten nachziehen lassen.

» Für die Geflügelbutter den Geflügelfond auf 100 ml einköcheln lassen und die eiskalte Butter mit dem Stabmixer einarbeiten.

» Pfifferlinge putzen, in die heiße Pfanne geben und mit Salz und Pfeffer würzen. Geflügelbutter dazugeben, durchschwenken, Thymian dazugeben und abschmecken.

» Für die Sauce Tomatenwasser und Fischfumet separat auf 480 ml reduzieren. Zitronengras, Schalotte und Ingwer in 60 g Butter glasig anschwitzen, die beiden reduzierten Fonds dazugeben und kochen lassen, bis die Flüssigkeit auf ca. 700 ml reduziert ist. Den Maissaft unterrühren, vom Herd nehmen, das Basilikum hineingeben und abgedeckt 10 Minuten ziehen lassen. Basilikum herausnehmen und die kalte Butter im Mixer einarbeiten.

» Möhren schälen und in 0,5 cm große Stücke schneiden. Mit Nussbutter und den Gewürzen vakuumieren und 20 Minuten bei 83° C im Wasserbad garen. Anschließend mit der Geflügelbutter durch die Pfanne ziehen und abschmecken.

» Radieschen waschen und vierteln, mit Nussbutter, Salz, Pfeffer, Zucker und Essig vakuumieren und für 20 Minuten bei 83° C im Wasserbad garen. Anschließend mit der Geflügelbutter und den Radieschenblättern durch die Pfanne ziehen und abschmecken.

» Für die Salsa verde Kräuter waschen, klein zupfen, mit den übrigen Zutaten im Mixer fein pürieren, anschließend durch ein feines Sieb streichen.

» Zum Dekorieren 16 Basilikumblättchen frittieren.

Mais-Butter-Sauce

950 ml Tomatenwasser
950 ml Fischfumet
170 g kalte Butter (in 2,5 cm großen Würfeln)
60 g Zitronengras, gehackt
1 Schalotte, geschält und gehackt
10 g frische Ingwerwurzel, geschält und gehackt
480 ml Maissaft
3 Stängel Basilikum
20 ml Limettensaft
5 g Salz
Cayennepfeffer

Wann genau die Ophover Mühle erstmals ihren Betrieb aufnahm, ist nicht genau überliefert. Dass sie aber schon einige Jahrhunderte auf dem Mahlwerk hat, ist erwiesen. Urkundlich erwähnt wurde die Mühle erstmals im Jahr 1623, auch über die späteren Müller und deren Wirken ist einiges bekannt. Erst 1965 wurde der Mahlbetrieb am Beeckbach eingestellt. Damit gilt sie als letzte Mühle der Region, die noch mit Wasserkraft betrieben wurde.

Bis 2008 befand sich die Wassermühle im Besitz der Stadt Wegberg, ehe Ulrike und Holger Hendricks das marode Gebäude erwarben und aufwendig restaurierten. Nach einer siebenmonatigen Umbau- und umfangreichen Renovierungsphase wurde die Ophover Mühle 2009 wiedereröffnet.

„Wir wollten immer schon unser Hobby zum Beruf machen", erzählt Holger Hendricks. Und die gelungene Umsetzung dieser mutigen Idee gibt den beiden recht: Die Ophover Mühle mit dem alten Mahlwerk, den Backsteinwänden und dem historischen Gebälk hat sich in ein architektonisches Schmuckstück verwandelt und das kulinarische Angebot von Ulrike und Holger Hendricks wird von Küchenchef Alexander Rademacher perfekt umgesetzt. „Ich koche einfach und lecker", meint der 30-Jährige.

Die drei Protagonisten lassen sich gemeinsam immer neue, saisonal wie regional geprägte Rezepte in einer modernen Interpretation einfallen. Die original Ophover Mühlenhappen gehören mit zu den Gründen, weshalb hier eine Reservierung vonnöten ist. Knusprig aus dem Ofen gezogene Flammkuchen oder das legendäre Ophover Mühlenschnitzel auf leckeren Bratkartoffeln, in der Gusspfanne serviert, genießen ebenfalls Ruhm. Doch auch mit saisonalen Gerichten, wie geschmorter Hasenkeule oder dem samt Birnen, Bohnen und Speck angerichteten Spanferkelrücken haben Ulrike und Holger Hendricks schon viele neue Gäste gewonnen. Nicht zu vergessen: zwei eigens für die Ophover Mühle gebraute Biersorten!

Birnen, Bohnen & Speck
mit krossem Spanferkel

Zutaten für 4 Personen

1 kg Stangenbohnen
2 Birnen der Sorte Forelle
100 g geräucherter, gewürfelter Speck
1 mittelgroße Gemüsezwiebel
100 ml Fleischbrühe
500 g Kartoffeln, zusätzlich eine gekochte, gepresste Kartoffel zum Abbinden (am besten die Sorte Celina)
Salz und Pfeffer,
1 kg Spanferkelrücken, Öl

Zubereitung

» Die Bohnen putzen und waschen. Die Kartoffeln schälen und vierteln. Die Zwiebel schälen und würfeln. Den gewürfelten Speck mit den Zwiebeln andünsten, die Bohnen und die Kartoffeln dazugeben. Das Ganze mit der Fleischbrühe aufgießen und etwa 20 Minuten leicht köcheln lassen.
In der Zwischenzeit die Birnen schälen, würfeln und kurz vor Garende für 4 Minuten dazugeben.

» Den Spanferkelrücken mit Salz und Pfeffer auf der Hautseite scharf in Öl anbraten. Anschließend bei 175° C 10 Minuten gar ziehen lassen.
Das Fleisch kurz ruhen lassen und zum Servieren in Scheiben aufschneiden.

Cafe - Restaurant - Bierhaus - Weinlokal
Ophover Mühle
glasüberdachter Innenhof
Aussengastronomie
Online-Reservierungen unter:
www.ophover-muehle.de + /Ophover-Muehle-Wegberg

Nougatparfait

mit Rumkirschen und Eierlikörschaum

Zutaten für 4 Personen

4 Eigelb
6 cl brauner kubanischer Rum
2 cl Vollmilch
500 g Nougat
500 g leicht geschlagene Sahne
1 Glas Sauerkirschen
50 g Zucker
1 EL Puddingpulver zum Abbinden
200 g Sahne
50 ml Eierlikör

Zubereitung

» Eigelb, 2 cl Rum und Milch warm zur „Rose" aufschlagen. Die Nougatmasse im Wasserbad langsam schmelzen lassen. Im Anschluss daran die Ei-Milch-Masse unterrühren, bis die Mischung homogen ist. Die geschlagene Sahne abschließend unterheben und alles über Nacht einfrieren.

» Die Kirschen abtropfen und den Fond in einem Topf auffangen. 2 EL Kirschfond entnehmen und das Puddingpulver darin auflösen. Den Kirschfond mit dem Zucker aufkochen und anschließend das Puddingpulver unter Rühren dazugeben, um die Flüssigkeit abzubinden. Abschließend 4 cl Rum dazugeben.

» Schließlich Sahne und Eierlikör in einem iSi-Aufschäumer mischen und aufschäumen.

» Alles anrichten.

Wenn es einen niederrheinischen Koch gibt, der untrennbar mit seiner Region verwachsen ist, dann Hans-Peter Römer. Was rund um den Hariksee gedeiht, gezüchtet oder handwerklich hergestellt wird, hat längst Einzug gehalten in seine Küche. Frischer niederrheinischer Ziegenkäse, Gemüse und Rindfleisch von hier, Wild aus den angrenzenden Wäldern natürlich auch. Manches gedeiht sogar im eigenen Garten, gibt dem Risotto Kräuterwürze, der Marmelade Kraft oder dem Holunderblütendressing Frische. Und dass sogar das Brot vor Ort gebacken wird und die Nudeln selbst gewalzt werden, dass die Römers probate Quellen für heimische Pilze und frischesten Spargel gefunden haben, ist zwar längst nicht mehr üblich in der gehobenen Gastronomie, in Römers Restaurant aber selbstverständlich. Weil sich diese Philosophie herumgesprochen hat, scheuen die Gäste nicht die Suche nach dem in einem Wohngebiet verborgenen Restaurant mit idyllischer Terrasse und dem sehr persönlichen Charme einer zum Feinschmecker-Etablissement umfunktionierten Villa. Doch man täte Küchenchef Römer unrecht, würde man ihn auf Neiderrheinisches reduzieren. Einflüsse der klassischen Küche sind seinen Kreationen anzumerken, Italien steuert Olivenöl und Trüffel bei, auch fernöstliche Länder sorgen für spannende Akzente. Ingwereis zum Dessert oder Wasabisauce zum Krustentier verblüfft die Gourmets. Allerdings nur so lange, wie sie nicht wissen, dass Hans-Peter Römer bei den ganz Großen der Kochzunft gearbeitet hat: bei Gerhard Gartner zum Beispiel, dem langjährigen Patron der Aachener Gala. Während Hans-Peter Römer sein Wissen gern in Form von Kochkursen weitergibt, sorgt sich Maria Römer nicht nur um die Dekoration der Tische, sondern auch um die Ausstattung der Weinkarte. Es ist vielleicht der einzige Bereich des Brempter Restaurants, in dem der Niederrhein keine Rolle spielt, in dem vor allem badische, aber auch italienische Weine eine Hauptrolle zugewiesen bekommen. So ausgewählt, dass sie der ganz und gar mit dem Niederrhein verwurzelten Kochkunst des Chefs nicht die Schau stehlen!

Spargel-Räucherlachs-Terrine

Zutaten für 4 Personen

400 g Spargel, geschält und gekocht
250 g Räucherlachs
0,2 l helle Brühe
7 g Blattgelatine
Salz, Pfeffer

für die Currymayonnaise

1 Eigelb
1 TL Senf
100 ml Öl
ca. **½ TL** Currypulver
Salz, Cayennepfeffer,
etwas Zitronensaft

Zubereitung

» Die Brühe aufkochen, die eingeweichte Gelatine darin auflösen, mit Salz und Pfeffer abschmecken und kalt stellen. Eine Form mit Klarsichtfolie auskleiden. Den Räucherlachs in dünne Scheiben schneiden und damit die Form auslegen. Nun die Form abwechselnd mit Spargel und Räucherlachs füllen und dabei die abgekühlte Brühe eingießen. Die Form einige Stunden kalt stellen.

» Für die Mayonnaise das Eigelb mit Senf, Salz, Pfeffer und Zitronensaft verrühren. Nun langsam das Öl in einem dünnen Strahl hineingießen und dabei verrühren, zum Beispiel mit einem Mixstab, bis eine glatte Mayonnaise entsteht. Mit Salz, Cayennepfeffer und Currypulver abschmecken.

Avocado-Tatar

mit gebratenen Riesengarnelen

Zutaten für 4 Personen

2 reife, aber nicht überreife Avocados
2 Äpfel
20 ml Traubenkernöl
1 TL frisch geriebener Ingwer
etwas Limettensaft
grobes Meersalz
frisch gemahlener Pfeffer
etwas Tabasco

für die Riesengarnelen

8 Riesengarnelen
frischer Rosmarin
frischer Thymian
Salz, Pfeffer
Zitronensaft
etwas Olivenöl

Zubereitung

» Die Avocados und die Äpfel schälen, Stein bzw. Kerngehäuse entfernen und in feine Würfel schneiden. Etwas Limettensaft mit dem Traubenkernöl mischen und die Avocado- und Apfelwürfel einlegen. Mit Ingwer, Salz, Pfeffer und Tabasco abschmecken. Durchziehen lassen. Die Riesengarnelen schälen, waschen und trocken tupfen, anschließend mit Salz, Pfeffer, Zitronensaft würzen und von jeder Seite 2 Minuten mit wenig Olivenöl braten. Die Pfanne vom Herd nehmen, die Kräuter und einige Tropfen Olivenöl hinzugeben.

» Das Avocadotatar in kleine Ringe bzw. Dreieck-Formen abfüllen und mit den gebratenen Garnelen servieren.

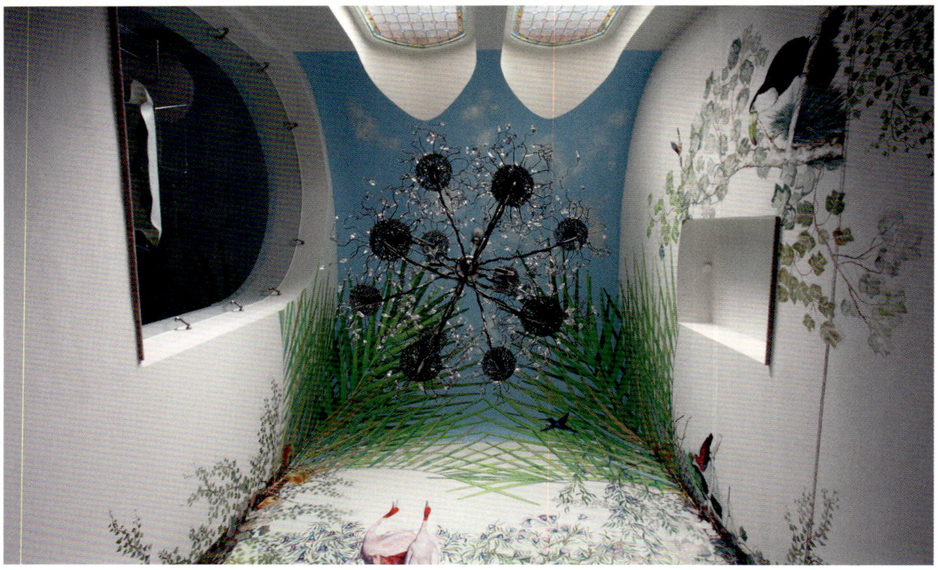

Unter den Gourmetrestaurants am Niederrhein ragt das Palace St. George ziemlich weit heraus. Nicht nur der Qualität seiner Küche, sondern auch des ganz besonderen Rahmens wegen. Wolfgang Eickes und Beschir Ben Nacer empfangen ihre Gäste nämlich in einem ungewöhnlich stilvollen Ambiente. Der zum Designhotel umgebaute Gebäudekomplex umfasst sogar eine denkmalgeschützte Kirche. Gut möglich, dass hier so mancher Gourmet Dankesgebete für die großartig abgestimmten Aromen der Speisen gesprochen hat.

Für Letztere ist Patron Wolfgang Eickes zuständig, der von seinem Küchenchef Beschir Ben Nacer unterstützt wird. Und wer Eickes sagt, weiß schon eine Menge über die Geschichte der Kochkunst am Niederrhein. Der in der Region verwurzelte Koch wollte nie auf Dauer fort aus seiner Heimat, übernahm nach Lehr- und Wanderjahren, die ihn in die Schweiz oder die USA führten, leitende Positionen im Düsseldorfer Restaurant Schiffchen, eröffnete dann das La Mairie in Wassenberg. Niemand koche, schrieben damals professionelle Restaurantkritiker, am Niederrhein besser als Eickes. Aufs La Mairie folgte Haus Bey, schließlich das Palace St. George. Und damit nicht nur ein großartiges Restaurant, sondern auch ein Hort der gehobenen niederrheinischen Küche. Wolfgang Eickes ist berühmt für seine Speisen mit Ansprüchen, bei denen auch schon mal Gänseleber und Hummer zum Einsatz kommen, bezieht aber die Erzeuger und Produkte am Niederrhein mehr ein denn je. „Man kann auch mit Produkten von hier auf hohem Niveau kochen", sagt der Spezialist für ungewöhnliche Kombinationen auf dem Teller. Frische Quitten oder niederrheinische Klaräpfel, Frischlingsrücken aus Effeld oder Schweinebauch mit Erbsen der Umgebung – der Chef bietet ideenreiche Kreationen sowohl im Bistro als auch in der Gourmet-Abteilung Eickes Salon an. Rinderfilet mit Zwetschgensauce oder Steinbutt im Erbsen-Bohnen-Eintopf stehen beispielhaft für eine regional geprägte Küche, wie es sie kaum ein zweites Mal geben dürfte am Niederrhein.

Knuspriger Schweinebauch

im Erbsensud mit Specksauerkraut und Kartoffelschmarren

Zutaten für 4 Personen

Schweinebauch

500 g Schweinebauch, ausgelöst ohne Knochen
250 ml Weißwein, 1 Zwiebel
1 Knoblauchknolle
Kümmel, Gewürze

Erbsensud

400 g frische Erbsen
Sud vom Schweinebauch
Salz, Pfeffer

Kartoffelschmarren

400 g Kartoffeln
250 ml Milch, 150 g Mehl, 3 Eier
Salz, Pfeffer, Muskatnuss
Petersilie, Rapsöl, etwas Butter

Specksauerkraut

500 g Weißkohl
150 g Zwiebel-Julienne
150 g Speck, gewürfelt
200 ml Kräuteressig
etwas Butter, Knoblauch,
1 TL Kümmel

Zubereitung

» Die Zwiebel schälen und in Julienne schneiden, Knoblauch mit der Schale halbieren, in eine Backform geben, 1TL ganzen gerösteten Kümmel beigeben und mit dem Weißwein begießen, den Bauch rautenförmig einritzen, einsalzen und gut verreiben, auf den vorbereiteten Sud legen und im Ofen bei 140° C 90 Minuten backen, herausholen, den Sud in einen Topf abseihen, den Bauch vor dem Servieren noch mal bei 220° C Oberhitze im Ofen aufknuspern lassen und servieren.

» Für den Erbsensud die Erbsen ausbrechen, die Schalen in 3 l Wasser mit Salz und Pfeffer kalt ansetzen und einen Erbsenfond herstellen. Wenn dieser gekocht hat, die Schalen mit einem Siebschöpfer herausholen und die Erbsen darin 1 Minute blanchieren, kalt abschrecken und 500 ml vom Erbsenfond mit dem Schweinefond auf 300 ml einkochen.

» Erbsen schälen, kurz blanchieren leicht mit Pfeffer und Salz würzen und in Butter schwenken. Die Schweinebauchtranchen auf die Erbsen anrichten.

» Die Kartoffeln geschält mit etwas Salz kochen, butterweich herausnehmen und auf ein Blech durchpressen, damit diese gut auskühlen. Das Mehl in eine Schüssel geben, die Milch auf einmal einrühren, Kartoffeln beigeben, würzen, die Eier anschlagen und nur ganz vorsichtig etwas verrühren, so dass noch gelbe Streifen bleiben.

» Den Backofen auf 200° C vorheizen. Eine Pfanne stark mit Rapsöl erhitzen, den Teig einfließen lassen und sofort in den Ofen geben. 12 Minuten hochbacken lassen, stürzen, auskühlen lassen, in Portionen reißen, in etwas Butter erhitzen. Frische gehackte Petersilie dazugeben und servieren.

» Weißkohl halbieren, den Strunk entfernen, in feine Julienne schneiden, salzen und gut verkneten, das Kraut dann für 30 Minuten ziehen lassen, danach den Kümmel im Topf ohne Fett rösten, Speckwürfel beigeben und anrösten lassen. Zwiebel und Kraut dazugeben, kurz anschwitzen, mit dem Essig ablöschen und weich dünsten. Mit der Butter sämig kochen und servieren.

Gebeizte Bachforelle

an eingemachtem Kürbisgemüse, Quittenchutney und Joghurt-Orangen-Gelee

Zubereitung

» Die Forelle filetieren und die Haut abziehen, die Gräten mit einer Zange ziehen, die Filets gut einsalzen und kalt stellen.

» Für die Beize die Orange waschen und diese abreiben, dann halbieren, den Saft auspressen und in einen Blender geben.

» Die Gurke und die restlichen Zutaten beigeben und kurz aufmixen.

» Die Filets in der Beize versenken und 3 Stunden ziehen lassen, rausholen, abtupfen und portionieren.

» Für das Kürbisgemüse den Kürbis halbieren und entkernen, danach schälen und achteln, in ein Blech einlegen. Zwiebel in Spalten und Knoblauch grob gehackt dazugeben. Chili und Ingwer grob schneiden und etwas frischen Rosmarin beigeben. Das Ganze mit Salz und Zucker würzen und mit Weißwein übergießen. Den Kürbis bei 140° C 15 Minuten lang im Ofen schmoren. Sobald er gar ist, den Zucker in einem Topf hell karamellisieren, etwas gehackten Chili und Ingwer beigegeben, mit dem Essig ablöschen und mit dem Fond vom Kürbis aufgießen. Diesen Ansatz heiß über die Kürbisstücke gießen, einwecken und kalt stellen.

» Vor dem Servieren den Chili mit hellem Karamell erhitzen und mit Zitronensaft ablöschen, etwas Fond angießen. So lange kochen, bis eine lackartige Konsistenz entsteht. Mit diesem Lack den Kürbis nochmals abglänzen.

» Für das Joghurtgelee die Gelatine in kaltem Wasser einweichen, Orangenessig mit Zucker etwas erhitzen und die ausgedrückte Gelatine darin auflösen, die Orange waschen, Schale abreiben, Saft auspressen, die Restlichen Zutaten beigeben und glattrühren, in einen mit Folie ausgeschlagenen flachen Einsatz geben und erkalten lassen, wenn angezogen, rausholen und portionieren.

» Für das Quittenkompott die Quitte schälen, in feine Würfel schneiden und mit etwas Zitronensaft beträufeln, so dass sie nicht braun werden. Etwas Zucker mit dem gehackten Chili und Ingwer angehen lassen, Kardamom und das ausgekratzte Mark der Vanilleschote beigeben und mit Essig ablöschen. Die Würfel und den Gelierzucker beigeben, einkochen lassen und heiß in ein sterilisiertes Weckglas füllen, erkalten lassen und servieren.

Zutaten für 4 Personen

Bachforellen

2 frische Bachforellen à ca. 500 g
150 g Naturjoghurt 3,5 %
½ Salatgurke
20 g frischer Dill
50 ml Orangenessig
50 g Salz
50 g Zucker
1 EL Honig
1 Orange
etwas Pfeffer aus der Mühle

Kürbisgemüse

1 kleiner Muskatkürbis
1 Zwiebel
½ Knolle Knoblauch
Salz, Pfeffer, Zucker
1 Chilischote
frischer Rosmarin
1 daumengroßes Stück Ingwer
etwas Weißwein
etwas Fond
200 ml Sushi-Essig
50 ml Zitronensaft

Joghurtgelee

50 ml Weißwein, halbtrocken
50 ml Wasser
20 ml Orangenessig
7 Blatt Gelatine
20 g Kristallzucker
1 Orange
200 g Naturjoghurt 3,5 %

Quittenchutney

1 Quitte (ca. 250 g)
etwas Chili und Ingwer
½ Vanillestange
1 Kardamomkapsel
100 g Gelierzucker (3:1)
etwas Weißweinessig
etwas Zucker

Mönchengladbach ist ja nicht erst seit Neuestem ein Hort kreativer Kochkunst. Schon seit vielen Jahren arbeiten in der Niederrhein-Metropole Köche mit Weitblick und Inspiration. So einer wie Tim Dierkes, der seit Kurzem mithilft, den Elisenhof zu verjüngen, die Tradition des Hauses zu sichern. Eine Tradition, die viele Jahre zurückreicht. Seit Beginn seiner Geschichte hat sich das Haus von einer Dorfgaststätte zu einem individuell geführten Privathotel entwickelt. Auch der Name änderte sich: Aus der „Herberge auf dem Land“ wurde der „Elisenhof“, benannt zu Ehren der einstigen Besitzerin Elisabeth Kamphausen, die das Haus zusammen mit ihrem Bruder Jakob nach dem Ersten Weltkrieg geführt hatte.

Heute sind Nathalie und Peter Jost verantwortlich für das Hotel mit seinen 68 Zimmern. Umbau und Neubau wurden längst geplant, der Elisenhof soll fit gemacht werden für die Zukunft und die Bedürfnisse der Gäste. Und gutes, frisch zubereitetes Essen mit besonderem Charakter gehört nun mal zum Konzept, das Küchenchef Tim Dierkes unter dem Motto „Classics & Trends“ umzusetzen weiß. Der gebürtige Niederrheiner hat schließlich Erfahrungen in einigen der berühmtesten Restaurants Deutschlands gesammelt, arbeitete in der Traube Tonbach im Schwarzwalddorf Baiersbronn oder im Drei-Sterne-Restaurant Sonnora bei Wittlich. Dass er alleinverantwortlich zu Höchstleistungen fähig ist, bewies er schließlich als Küchenchef des Krefelder Restaurants Korff.

Im Elisenhof servieren Küchenchef Dierkes und sein Team Trendiges mit Substanz – wie Jakobsmuscheln mit Mango, Fenchel und Granatapfel oder Klassisches wie eine Kalbsleber mit Apfel, Schmorzwiebeln und Kartoffelpüree. Der Patisserie gehört ebenfalls die besondere Aufmerksamkeit von Köchen und Inhabern – und das mit voller Absicht. Schließlich soll die letzte Mahlzeit eines Restaurantbesuches den Gästen in besonderer Erinnerung bleiben. Schokoriegel mit Crema catalana und Orange oder die Williamsbirne mit Rotweinbuttereis und Rosmarin stehen beispielhaft für eines der engagiertesten Restaurants am Niederrhein.

Ziegenkäseroulade

mit Tomatenchutney

Zutaten für 4 Personen

100 ml Sahne, geschlagen
200 g Ziegenfrischkäse
3 Blatt Gelatine
Salz, Pfeffer, etwas Honig
1 Zucchini

Tomatenchutney

650 g Tomaten
60 g Zwiebeln
75 ml weißer Balsamico
85 g brauner Zucker
Salz, Chili, etwas Öl

Zubereitung

» Ziegenkäse mit etwas Honig, Salz und Pfeffer abschmecken. Gelatine in kaltem Wasser einweichen und in einem Topf mit etwas Ziegenkäse auflösen (die Masse darf nicht zu heiß werden), dann Gelatine in Ziegenkäse einrühren und die Sahne unterheben. Zucchini in 0,3 cm breite Streifen schneiden, ohne Fett, heiß, kurz und von beiden Seiten anbraten, ohne dass die Streifen Farbe annehmen.

» Für die Roulade Frischhaltefolie auslegen und die Zucchini von links nach rechts halb überlappend auslegen, die Ziegencreme daraufstreichen, so dass unten noch 1 cm von der Zucchini zu sehen ist und oben 3 cm. Dann mit der Folie Stück für Stück nach oben rollen und immer etwas drücken. Relativ fest in die Folie wickeln und kalt stellen.

» Für das Chutney die Tomaten waschen, Kerne entfernen und den Rest kurz in kochendes Wasser geben, bis sich die Haut ablöst, dann in Eiswasser abschrecken, schälen und achteln. Zwiebeln fein würfeln und in etwas Öl anschwitzen, die Tomaten dazugeben und kochen lassen. Balsamico und Zucker dazugeben und einkochen lassen, zum Schluss mit etwas Salz und Chili nachwürzen. Abkühlen lassen und mit der Roulade anrichten.

Nougatpraline

Zutaten für 4 Personen

Zitronencrumble

35 g Butter, 25 g Mehl
25 g gemahlene Mandeln
20 g Zucker
1 Prise Salz, Zitronenabrieb

Zitronencreme

100 ml Sahne
50 g geschlagene Sahne
35 ml Zitronensaft
und Abrieb ½ Zitrone
10 g Butter
35 g Zucker
35 g Eigelb, 2,5 Blatt Gelatine

Mousse au Chocolat

150 g 70-prozentige
kakaohaltige Kuvertüre
40 g Eigelb
40 g Zucker
40 g Eiweiß
250 ml geschlagene Sahne

Nougatkern

je 20 g Haselnüsse, Walnüsse,
Mandeln, gemahlen
10 g Pistazienkerne, gemahlen
10 g Pinienkerne, gemahlen
150 g Butter
70 g Nougat
10 g dunkle Kuvertüre
15 g Puderzucker

Cassissorbet

500 ml Cassispüree
200 ml Wasser
70 g Zucker
50 g Glukose
2 Blatt Gelatine

außerdem

100 g dunkle Kuvertüre
50 g gehackte Nüsse

Zubereitung

» Die Zutaten für den Crumble zusammenkneten. Scheiben von ca. 5 cm Durchmesser und 0,5 cm Höhe ausstechen, bei 200° C ca. 4-6 Minuten im Ofen garen. Trocknen und luftdicht lagern.

» Für die Zitronencreme Sahne, Saft, Abrieb, Butter und Zucker aufkochen, Eigelb dazugeben und die Mischung auf 85° C erhitzen. Gelatine in kaltem Wasser einweichen, bis sie weich ist, dann in die warme Zitronensahne geben und auflösen. Geschlagene Sahne unterheben, sobald die Masse anfängt anzuziehen.

» Für die Mousse die Kuvertüre schmelzen. Sobald diese Körpertemperatur erreicht hat, Eigelb (mit 20 g Zucker aufgeschlagen) hineingeben, verrühren, Eiweiß (mit 20 g Zucker steif geschlagen) einrühren, dann die Sahne unterheben und kalt stellen.

» Für den Nougatkern Butter, Nougat, und Kuvertüre gemeinsam schmelzen, Puderzucker und die restlichen Zutaten dazugeben, alles vermengen und kalt stellen, dann zu ca. 12 Kugeln à 30 g formen.

» Den Nougatkern mittig mit etwas Kuvertüre auf den Crumble setzen und fest werden lassen, die Zitronencreme (sie muss etwas weich geknetet werden) in einen Spritzbeutel geben und ringsherum um den Nougatkern (ca. einen halben Finger breit) aufspritzen. Mit einem warmen Messer die Löcher glätten und füllen, kalt stellen, ebenso mit der Schokomasse verfahren (aber auf keinen Fall weich kneten!).
Der Crumble sollte jetzt bedeckt sein, sonst überstehende Ränder abschneiden.
Die Pralinen mit dunkler Kuvertüre überziehen und in gehackten Nüssen wälzen.

» Für das Cassissorbet das Wasser mit dem Zucker und der Glukose aufkochen lassen, die eingeweichte Gelatine hinzufügen und verrühren, zum Schluss das Cassispüree untermengen und alles in einer Eismaschine gefrieren lassen.

Für Kaiser Friedrich schwärmen die Mönchengladbacher seit Langem. Obwohl der Sohn Wilhelms I. nur 99 Tage regierte, hinterließ er Spuren in der deutschen Geschichte – und ganz besonders am Niederrhein. Die Anfang des 20. Jahrhunderts im Jugendstil erbaute Kaiser-Friedrich-Halle ist noch heute ein Wahrzeichen der Stadt, und das in ihm zu entdeckende Restaurant Kaiser Friedrich hat sich zu einer Adresse gemausert, auf die wohl niemand im weiten Umkreis je wieder verzichten wollte.

Angesichts des Namens und der Geschichte könnte man einen Traditionsbetrieb mit konservativer Küche erwarten, doch das Gegenteil ist der Fall. Inhaber Uwe Gaul und sein langjähriger Küchenchef Marcus Hütz kennen zwar die niederrheinische Küche aus dem Effeff, sie lassen sich aber immer wieder Neues einfallen, um Stammgäste und Besucher zu begeistern.

Sashimi und Paprika-Crêpe-Törtchen werden munter kombiniert, eine Poulardenbrust füllt die Küche vielleicht nach orientalischem Vorbild mit Datteln und Korinthen, und die hausgemachten Gnocchi oder der Olivenkrokant zum Schweinefilet lassen mediterrane Kochkunst lebendig werden. Ein bisschen japanisch, ein bisschen italienisch, aber immer wieder auch klassisch französisch: Die Küche im Kaiser Friedrich kann man nicht festlegen. Die Herkunft der Produkte schon. Uwe Gaul lässt sich vom Wochenmarkt inspirieren, kauft nicht nur den Spargel aus der Umgebung, sondern hat längst die besten Obst- und Käse-Produzenten im weiten Umkreis ausgetüftelt. Und wer statt in die Moderne einmal in die ruhmreiche Vergangenheit versetzt werden will: Das opulente Dessert namens Kaiserin Viktoria bietet einen Streifzug durch die Patisserie und lässt Fülle und Pracht der Monarchie aufleben. Und was den Bunten Garten angeht, den gewiss schönsten Park am Niederrhein mit seinen 30 Hektar und den fast 2.500 Bäumen: Den genießt man am besten in der Gartenlounge des Restaurants Kaiser Friedrich – bei einem stilvollen Snack, einem saisonalen Menü oder dem hausgebackenen Kuchen.

Sashimi und Sesamquader

vom Schwarzflossen-Thun mit Sepia-Reis und Paprika-Crêpe-Törtchen

Zutaten für 4 Personen

für die Crêpes

200 ml Milch
2 Eier
20 g Nussbutter (leicht gebräunte Butter)
40 g Mehl
Salz, frisch geriebene Muskatnuss

für die Paprikamousse

300 g gelbe Paprikaschoten
300 g rote Paprikaschoten
60 ml Olivenöl
Thymian und Rosmarinblättchen
mit Knoblauch, fein gehackt
Salz, frisch gemahlener Pfeffer
3 Blätter Gelatine

für den Sepia-Reis

200 g Rundkornreis
50 g Weißwein
350 g Fischfond
1 Schalotte, fein gewürfelt
10 g Sepiatinte
Salz, Pfeffer, Olivenöl

für das Sashimi und den Sesamquader

ca. 400 g Schwarzflossen-Thunfisch
etwas bunter Sesam
Fleur de Sel
Olivenöl

Zubereitung

» Für die Crêpes alle Zutaten in eine Schüssel geben und mit einem Handrührgerät zu einem glatten Teig verarbeiten. Den Teig durch ein Sieb streichen und in einer Crêpe-Pfanne dünn und ohne Farbe ausbacken.

» Für die Mousse die gelben Paprikaschoten mit Olivenöl dünsten, dann fein mixen, mit 1,5 Blättern eingeweichter und aufgelöster Gelatine anreichern. Das Rezept ein zweites Mal mit der roten Paprika herstellen.

» Einen Ring mit 10 cm Durchmesser abwechselnd mit einer Schicht Crêpe und abwechselnd mit gelber und roter Paprikamousse einschichten und kaltstellen. Zum Anrichten in beliebige Formen schneiden.

» Den Reis in Öl mit den Schalotten anschwitzen, nach und nach Wein und Fond unter Rühren angießen. Sobald der Reis nur noch leichten Biss hat, kann die Tinte zugegeben und mit Salz und Pfeffer abgeschmeckt werden. Etwas abkühlen lassen und lauwarm anrichten.

» Für das Sashimi die Hälfte des Fischfilets in kleine Tranchen schneiden und lediglich mit etwas Fleur de Sel abschmecken.

» Für den Sesamquader das restliche Fischfilet in quaderförmige Stücke schneiden und in einer heißen Pfanne kurz von oben und unten in Olivenöl anbraten, danach mit den gebratenen Seiten in den Sesam tauchen. Alles anrichten.

AUERHAHN

Rosa gebratene Barbarie-Entenbrust

an Orangenjus und kandierten Cherrytomaten, Pommes Anna und Gemüsebouquet

Zutaten

4 Barbarie-Entenbrüste
Salz, Pfeffer

für die Kirschtomaten

ca. 20 Cherrytomaten
200 ml Wasser
200 g Zucker
2 Sternanis
Saft und Zesten von 1 Limette
1 Lorbeerblatt
6 Blätter Basilikum

für die Orangenjus

50 g Zucker
200 ml frisch gepresster Orangensaft
etwas Butter

für die Pommes Anna

4 Kartoffeln
etwas Fett
Salz, geriebene Muskatnuss

für das Gemüse

ca. 400 g Gemüse der Saison
(z.B. Karotten, Zucchini)
Salz, geriebene Muskatnuss, Butter

Zubereitung

» Die Cherrytomaten in wenig Wasser kurz blanchieren und in Eiswasser abschrecken. Jetzt mit einem kleinen Küchenmesser vorsichtig die Haut abziehen. Wasser und Zucker in einem kleinen Topf mit dem Sternanis, Saft und Zesten der Limette, Lorbeerblatt und Basilikum so lange köcheln lassen, bis die Masse zwischen zwei Fingern Fäden zieht. Mit dem heißen Fond die Cherrytomaten übergießen und drei bis vier Tage kühl stellen, bis die Tomaten eine optimale Konsistenz erreicht haben.

» Die Entenbrüste würzen und in eine kalte beschichtete Pfanne mit der Haut nach unten legen.

» Auf mittlerer Hitze die Entenhaut knusprig und goldbraun braten und erst dann kurz von der anderen Seite anbraten und schnell aus der Pfanne nehmen. Die angebratene Entenbrust sollte bei 85° C ca. 30 Minuten – je nach Größe der Brust – im Ofen rosa gegart werden.

» Vor dem Aufschneiden sollte die Brust 2–3 Minuten ohne Hitze entspannen, damit der Fleischsaft nicht austritt.

» Für die Orangenjus den Zucker karamellisieren und mit dem Orangensaft ablöschen. Die Jus etwas reduzieren, bis sie leicht eindickt. Zum Schluss mit etwas kalter Butter aufmontieren.

» Für die Pommes Anna die Kartoffeln schälen und in dünne Scheiben schneiden.

» In einer leicht gefetteten Pfanne die Kartoffelscheiben überlappend im Kreis auslegen und bei mittlerer Hitze goldbraun backen, mit Salz und Muskat würzen.

» Es sollte das je nach Jahreszeit und Saison passende Gemüse gewählt und in wenig Wasser mit Salz, geriebener Muskatnuss und Butter knackig gedämpft werden.

Zu den treuesten Gästen Andreas Lehmanns zählen die ganz kleinen. Die dürfen nämlich auf die extra ausgelegten Papiertischdecken malen, was sie wollen, und sie schreiben gern ihre begeisterten Meinungen übers Essen nieder. Wie man hört, hat Küchenchef und Inhaber Andreas Lehmann auf diese Weise schon eine stattliche Anzahl an Kundenlob gesammelt.

Große Gäste wissen das Myllendonker Restaurant allerdings ebenfalls zu schätzen. Nach mehr als 13 Jahren am Niederrhein ist der gebürtige Brandenburger Andreas Lehmann längst heimisch geworden in Mönchengladbach, hat aber keinen Deut an Kreativität verloren, ist immer noch dafür bekannt, sein Küchen- und Serviceteam zu motivieren. Nach wie vor wird er nicht müde, Musik- oder Zigarrenabende zu organisieren oder sich neue Dekorationen für den idyllischen Biergarten auszudenken, in dem man unter Platanen sitzt wie im Süden. Und nach wie vor ist das nostalgisch eingerichtete Restaurant nicht nur ein Ort zum Essen, sondern auch einer zum Schauen.

Die Speisen kommen über alle Freude am Ausgestalten nicht zu kurz. Andreas Lehmann kocht, ohne sich auf bestimmte Stilrichtungen festlegen zu lassen. Sein Flammkuchen ist längst berühmt, sein Lammkarree mit Kartoffelgratin hat viele Fans, der Düsseldorfer Senfrostbraten sowieso – auch deshalb, weil der Chef nicht an Kräutern spart. Die meisten bekommt er aus den Modellgärten und sie werden nicht nur eingesetzt, um Fleisch und Fisch auf die bestmögliche Weise zu veredeln, sondern auch, um als Wildkräutersalat für eine knackige Einstimmung zu sorgen. Am besten in Kombination mit einem erfrischenden Senfeis und handgeschnittenem Rindertatar. Wer so was verzehrt hat, an einem lauen Sommerabend, freut sich meist schon auf den Herbst, wenn frische niederrheinische Pilze auf dem Speisezettel stehen, wenn hausgemachte Hirschravioli und knusprige Gänsekeulen für Begeisterung sorgen. Lehmanns Restaurant sorgt ganzjährig für zufriedene Gesichter – bei kleinen wie bei großen Gästen!

Rindertatar

mit Senfeis und Wildkräutersalat

Zutaten für 4 Personen

500 g Rinderfilet
4 Eigelb
ca. 8-10 Kapern
6 Sardellenfilets
1 Essiggurken
4 EL fein gewürfelte Schalotten
2 TL Dijon-Senf
Salz & Pfeffer aus der Mühle

Senfeis

2 EL Senf
150 ml Sahne
3–4 EL Zucker
etwas Salz

außerdem

200 g Wildkräuter
Essig, Öl
Salz, Pfeffer

Zubereitung

» Das Rinderfilet mit einem sehr scharfen Messer in feine Würfel schneiden. Kapern und Sardellenfilet und Essiggurke fein hacken, Rinderfiletwürfel in eine Schüssel geben, alle Zutaten dazugeben, miteinander mit Hilfe einer Essgabel vermengen und mit Salz und Pfeffer abschmecken.

» Für das Senfeis die Sahne erwärmen, den Senf mit dem Schneebesen einrühren und alles mit Salz und Zucker abschmecken. Abkühlen lassen und in der Eismaschine gefrieren.

» Tatar auf dem Teller anrichten, eine Nocke Senfeis dazugeben und mit dem Wildkräutersalat, angemacht mit Essig, Öl, Salz und Pfeffer, servieren.

Ringsheimer Kaiserberg
Spätburgunder
Deutscher Qualitätswein · TROCKEN
BADEN
1L
Weingut Weber-Link

Lammkarree

in Rosmarinjus mit Kartoffelgratin und Speckböhnchen

Zutaten für 4 Personen

1 kg Lammkarree
Öl zum Braten
Salz, Pfeffer
frischer Rosmarin
1 Knoblauchzehe, geschält
2 EL Balsamicoessig
100 ml Lammfond
1 EL Honig
etwas kalte Butter

Speckböhnchen

500 g grüne Bohnen
50 g geräucherter durchwachsener Speck
1 Zwiebel
Salz, Pfeffer
Bohnenkraut

Kartoffelgratin

750 g Kartoffeln
200 ml Sahne
Salz, Pfeffer
geriebene Muskatnuss
1 Knoblauchzehe
etwas Butter

Zubereitung

» Das Lammkarree in einer Pfanne von beiden Seiten schön anbraten, anschließend in den Backofen (Umluft, 175° C, 8 – 10 Minuten) geben und garen lassen. Herausnehmen und zur Seite stellen, damit sich der Fleischsaft setzt.

» Die Knoblauchzehe mit etwas Rosmarin in der Pfanne angehen lassen, mit Balsamicoessig ablöschen, etwas Lammfond sowie den Honig dazugeben und das Ganze reduzieren, durch ein feines Sieb passieren und in einer Stielkasserolle aufkochen mit kalter Butter aufmontieren.

» Für die Speckböhnchen die Bohnen putzen und in kochendem Salzwasser blanchieren, in Eiswasser abschrecken, abgießen und beiseite stellen. Die Butter in einem Pfännchen erhitzen, klein gewürfelten geräucherten Speck und Zwiebeln leicht anrösten, Bohnen dazugeben, mit Salz und Pfeffer sowie Bohnenkraut würzen und durchschwenken.

» Für das Kartoffelgratin die Kartoffeln in 2 – 3 mm dünne Scheiben schneiden und in eine mit der Knoblauchzehe ausgeriebene und gebutterte backfeste Form geben, mit Salz, Pfeffer und Muskatnuss würzen, mit Sahne aufgießen und mit Alufolie abgedeckt im Backofen bei ca. 180° C garen (Umluft ca. 40 Minuten). Alufolie entfernen und im Ofen 5 – 10 Minuten leicht goldbraun angehen lassen.

Mönchengladbach, Nettetal, Geldern

Nettetal ist für viele Niederrheinbesucher die Essenz der Region. Typischer niederrheinisch geht es gar nicht, verträumter kann eine Landschaft gar nicht sein. Der Zauber erschließt sich bereits nach der Abfahrt von der Autobahn: Wälder, Heidelandschaften und vor allem Seen, wohin man blickt. Selbst nach zwei Wochen Wandertour durch die Landschaft rund um Nettetal wird man nicht alle Seen umrundet, nicht ansatzweise sämtliche Sehenswürdigkeiten erlebt haben. Ist ja auch klar: Der Naturpark Maas-Schwalm-Nette, der nicht nur den deutschen Niederrhein, sondern auch benachbarte Teile der Niederlande umfasst, ist fast 900 Quadratkilometer groß.

Es gibt Besucher, welche die Krickenbecker Seen, die durch den Jahrhunderte andauernden Abbau von Torf entstandenen Gewässer, für einen der schönsten Teile der Region halten. Andere schwärmen von den niederrheinischen Schlössern, welche nicht selten besuchenswerte Restaurants umfassen, oder von den Fahrradwegen, welche die Umgebung zu einem flachen Paradies für Zweiradfahrer machen.

Zu einem Eldorado für Gourmets auch: In den Seen der Umgebung werden nämlich Fische gefangen, die auch für den Verzehr in den Gaststuben geeignet sind, die niederrheinischen Streuobstwiesen liefern auch seltene Varianten von Äpfeln und Birnen. Viele Köche setzen ihren Ehrgeiz darein, möglichst viele Speisen mit Vinkrather Ziegenkäse, Schnecken aus heimischer Zucht oder der von engagierten Niederrhein-Metzgern hergestellten Blutwurst anzubieten. Der Herbst ist für Wild aus den ausgedehnten Wäldern gut, Rind- und Schweinefleisch stammt oft aus heimischer Zucht. Auch kalt gepresstes Rapsöl, Kürbisse und Schnibbelbohnen kommen von hier. Und wenn im Frühjahr die Spargelsaison beginnt, greifen Gäste wie Gastronomen gern zum weißen Gold aus Geldern oder Walbeck und verarbeiten die Stangen zu unzähligen herzhaften Speisen, aber auch zu Dessertkreationen. Wenigstens einmal im Leben sollte jeder Spargeleis aus der Genussregion zwischen Rhein und Maas ausprobieren!

Ernst-Willi Franken will es genau wissen. Woher die Zutaten für seine Küche kommen, hat er nicht nur sorgfältig ausgesucht und geprüft, sondern auch auf seiner Speisekarte notiert. Die Schnecken stammen von der Grafschafter Weinbergschneckenzucht in Moers (und werden zu einem Ragout mit Blattspinat verarbeitet), der Ziegenkäse wird von Norbert Konnen in Vinkrath zugeliefert, und das Kaninchen wurde von Familie Lammers in Euskirchen aufgezogen. An frischem Gemüse und Obst, an Spargel oder Kartoffeln ist ohnehin kein Mangel: Der Naturpark Maas-Schwalm-Nette liefert landwirtschaftliche Produkte in beneidenswerter Güte.

Um die vielen guten Einkaufsquellen aufzuspüren, nehmen sich Ernst-Willi und Birgit Franken immer viel Zeit. Das Restaurant Sonneck befindet sich seit mehr als 150 Jahren im Familienbesitz, hat sich allmählich aus der einfachen Dorfschänke zu einem der am konsequentesten arbeitenden Gasthöfe am Niederrhein entwickelt. Im Laufe der Jahre wurden die Gasträume zwar immer wieder renoviert, aber nie in ihrem von Grund auf ländlichen Stil verändert. Wirklich neu ist nur die Terrasse hinterm dem Haus, von der es heißt, dass alle Gäste hier immer wieder reservieren, haben sie erst mal von deren Existenz Kenntnis erhalten. Aber eigentlich ist es egal, ob die Gäste gezielt herfahren oder nur, anlässlich einer Wanderung oder Radtour um die Krickenbecker Seen, zufällig am Sonneck vorbeispazieren. Sie alle dürfen sich davon überzeugen, dass der Chef zwar Mitglied im Verein Genussregion Niederrhein ist, aber nicht daran denkt, auf Inspirationen aus anderen Gegenden der Welt zu verzichten. Und wenn er eine nach italienischer Manier geschmorte Kalbshaxe nach niederrheinischer Tradition mit Dicken Bohnen verfeinert oder eine Gänseleberterrine mit einem hausgemachten Holunderblütengelee reicht, ist die Symbiose von nah und fern perfekt. Eine unaufgeregte Art des Genießens, wie man es nicht mehr oft findet und desto mehr zu schätzen weiß.

Holunderblütencreme

Zutaten für 4 Personen

500 g Erdbeeren
400 g Naturjoghurt
400 g Schlagsahne
½ Vanillestange
5 Blätter Gelatine
120 g Zucker
150 g Sonneck-Holunderblütensirup

Zubereitung

» Den Joghurt mit dem Zucker und dem Mark der Vanilleschote verrühren. Sahne steif schlagen.

» Holunderblütensirup erwärmen und die Gelatine darin auflösen. Dann diese Lösung vorsichtig in die Joghurtmasse einrühren, zuletzt die Sahne unterheben.

» Zum Schluss mit frischen Erdbeeren garnieren.

Spargelsalat
& Sauce tartare

Zutaten für 4 Personen

1 Tomate
2 Frühlingszwiebeln
500 g Spargel
etwas Verjus (Saft aus unreifen Trauben)
etwas Olivenöl
Salz, Pfeffer, Zucker
1 Ei
3 Eigelb
1/8 l Rapsöl
1 TL Senf
einige Cornichons
Pfeffer, Salz
1 EL weißer Balsamico
frischer Schnittlauch

Zubereitung

» Die Tomate abziehen, das Kerngehäuse entfernen, Fruchtfleisch in kleine Würfel schneiden. Die Frühlingszwiebel in feine Ringe schneiden.

» Den Spargel schälen, bissfest kochen und in mundgerechte Stücke schneiden.

» Aus Olivenöl und Verjus eine Vinaigrette herstellen, mit Salz, Pfeffer und Zucker abschmecken, zuletzt den Spargel, die Tomatenwürfel und die Frühlingszwiebeln unterheben.

» Für die Sauce tartare das Ei 10 Minuten kochen, abkühlen lassen, dann in feine Würfel schneiden, ebenso die Cornichons. Eigelbe mit Senf und weißem Balsamico verrühren, dann langsam das Öl einrühren und mit Salz und Pfeffer würzen. Zuletzt den fein gehackten Schnittlauch, das gekochte Ei und die Cornichons zugeben.

» Der Spargelsalat mit der Sauce tartare kann zu einer gebeizten Sonneck-Rinderlende serviert werden.

Auf Haus Bey muss man sich erst mal orientieren. Auf der einen Seite steht das historische Schlösschen, auf der anderen das weitläufige Anwesen von Golfclub und Restaurant. Location Nummer eins kann man bewundern und für festliche Gesellschaften buchen, oder man genießt ein Candle-Light-Dinner im Schlösschen – immer neu und kreativ von Mike Mackiol konzipiert. Auf der anderen Seite des Parks darf man dagegen immer einkehren – zum schnellen Mittagessen mit Ansprüchen, zu hausgebackenem Kuchen am Nachmittag, zum mehrgängigen Menü am Abend, zum beliebten Brunch am Sonntag. Auch das Restaurant kann für Feierlichkeiten jeder Art gebucht werden. Abwechslungsreich soll es zugehen, frisch und produktbewusst, aber nie unnahbar. „Ein steifer Gourmettempel wollen wir nicht werden", sagt der Chef.
Ein Lokal für die Niederrheiner aber schon. Dass man hier nicht nur ein Restaurant für wenige Eingeweihte etablieren, sondern vielen eine Menge bieten wollte, war für Frank Veikes schon lange klar. Aufgewachsen in der Nähe, kannte er das historische Anwesen, das lange Zeit stolzer, unnahbarer Rittersitz war und erst viel später zu einem Golfclub samt Gastronomie ungewandelt wurde, schon in seiner Jugend. Dass er Haus Bey viele Jahre später zusammen mit seiner Frau Silke übernehmen sollte, ahnte er damals noch nicht. Mike Mackiol, Küchenchef im Schlösschen Haus Bey, und Dennis Riedel, Küchenchef im Restaurant Haus Bey, arbeiten am liebsten mit Produkten der niederrheinischen Erzeuger. Käse von hier, Gemüse aus dem Dunstkreis der Krickenbecker Seen, Fleisch von glücklichen Tieren aus Nettetal: Frank Veikes weiß, was die Umgebung bietet und nutzt, was der Markt hergibt. Ohne auf die Einflüsse der weiten Welt zu verzichten. Ein bisschen fernöstliche Teriyakisauce zum Lachs, ein wenig mediterranen Drachenkopf, Anis und Fenchel in die provenzalische Fischsuppe: Niederrheiner wussten halt immer schon, was gut ist und auf welche Weise man all dessen habhaft werden kann, was aus klimatischen Gründen oder mangels heimischer Meere nicht vor der Haustür gedeiht und lebt.

Rhabarbersüppchen,

Apfel-Zitronen-Sorbet, Schokoladenkuchen und Vanilleschmand (von Kreativkopf und Küchenchef Mike Mackiol)

Zutaten für 4 Personen

Rhabarbersüppchen

400 g Rhabarber
150 g Zucker
1 Vanilleschote
Saft von 1 Zitrone plus den Abrieb
400 ml Wasser
Gelatine (1 Blatt auf 100 ml Fond)

Schokoladenkuchen

250 g dunkle Kuvertüre
125 g Butter
1 Espresso
20 g Zucker
5 Eier

Vanilleschmand

200 g Schmand
100 g Zucker
1 Vanilleschote

Sorbet

500 g grünes Apfelpüree
230 ml Wasser
100 g Zucker
50 g Glukose
100 ml Zitronensaft
1 Messerspitze Xanthan (Bindemittel, in der Apotheke erhältlich)

Zubereitung

» Den Rhabarber waschen und schälen. Die Schalen mit Zucker, Vanilleschote, Zitrone und Wasser aufkochen, ca. eine ½ Std. ziehen lassen. Den heißen Sud auf den klein geschnittenen Rhabarber schütten und weitere 10 Minuten ziehen lassen. Danach pürieren. Je 100 ml Fond 1 Blatt Gelatine kalt rühren und abfüllen.

» Für den Kuchen Kuvertüre und Butter im Wasserbad schmelzen, Zucker und Eier aufschlagen, Butter und Schokolade dazugeben und mit dem Espresso abschmecken. In eine Backform geben und bei 130° C ca. 30 Minuten mit Ober-Unter-Hitze backen.

» Alle Zutaten für den Schmand miteinander verrühren.

» Alle Zutaten für das Sorbet in einen Shaker geben (oder mit dem Pürierstab verarbeiten), 3 Minuten bei voller Leistung verrühren und in die Eismaschine geben.

» Zum Anrichten das Rhabarbersüppchen auf 4 tiefe Teller verteilen. Von dem Sorbet 4 Nocken ziehen und aus dem Schokoladenkuchen 4 Küchlein ausstechen. Beides vorsichtig in das Süppchen heben.

Short Rib

mit grünem Spargel, Kartoffelkrapfen und Selleriepüree

Zutaten für 4 Personen

1 kg Short Rib vom Rind
Rosmarin, Thymian,
Pfeffer, Salz, Zitrone

Kartoffelkrapfen

200 ml Wasser
50 g Butter
150 g Mehl
250 g gekochte Kartoffeln
3 Eier
Salz, Muskatnuss,
Knoblauch, etwas Öl

Spargel

2 Bund grüner Spargel
Zitronenöl
weißer Balsamico-Essig
Salz, Zucker

Selleriepüree

1 Knolle Sellerie
300 ml Milch
1 Vanilleschote
150 g Nussbutter
Salz, Muskatnuss

Zubereitung

» Short Rib mit Salz und Pfeffer würzen, auf einen Backrost legen, Rosmarin und Thymian auf das Fleisch legen und bei 120° C Ober-Unter-Hitze ca. 2 Stunden backen. Das Fleisch sollte sich leicht vom Knochen lösen lassen.

» Für die Kartoffelkrapfen Wasser und Butter in einen Topf geben und zum Kochen bringen. Das Mehl dazugeben und abbrennen. Von der Feuerstelle nehmen, nach und nach das Ei dazugeben. Die Kartoffeln durch die Kartoffelpresse drücken und dazugeben. Salz, Muskat und Knoblauch dazugeben und eine halbe Stunde im Kühlschrank ruhen lassen. Eine Friteuse auf 170° C vorheizen und mit dem Löffel Nocken von der gekühlten Kartoffelmasse abstechen. Etwa 3 Minuten goldbraun frittieren.

» Vom Spargel das untere Drittel schälen und in Rauten schneiden, diese in einer Pfanne mit Zitronenöl braten. Zucker und Salz dazugeben, mit Essig ablöschen. Flüssigkeit einkochen lassen.

» Für das Püree Sellerie schälen, in 3 mal 3 cm große Stücke schneiden, diese in einem Topf mit etwas Butter anschwitzen, das Vanillemark dazugeben.
Mit Milch aufgießen, weich kochen lassen, die Flüssigkeit abpassieren und mit dem Pürierstab zu einem Püree verarbeiten und die Nussbutter dazugeben.
Mit Salz und geriebener Muskatnuss abschmecken.

» Anrichten, dekorieren und servieren.

So stellt man sich eine Villa am Niederrhein vor. Benannt nach dem Seidenweber Wilhelm Ling, der einst eine ganz große Nummer am Niederrhein war. In dem herrschaftlichen Gebäude wird er so manches exquisite Diner eingenommen haben: Die Räumlichkeiten boten immer schon Komfort, der Garten lud im Sommer zum Speisen ein, und weil Lings Frau Josefine aus Frankreich stammte, wurde die Gastronomie-Kultur des Nachbarlandes hier lange wie selbstverständlich gepflegt. Bei genauerem Hinsehen ist das herrliche Jugendstil-Ambiente fast geblieben, wie es im 19. Jahrhundert war. Anders ist nur das dezente Facelifting, die Verantwortung von Thomas Teigelkamp und seinem Team für die Küche im Restaurant Josefine – und dass heutzutage nicht nur geladene Gäste, sondern alle Feinschmecker zu Besuch kommen können. Vorausgesetzt, sie schätzen „die Denke" des Patrons. „Wir kaufen überwiegend Saisonprodukte bei kleinen Erzeugern der Umgebung", sagt der Chef, der aus der Villa eine der bekanntesten Restaurantadressen der Region gemacht hat. Ausnahmslos frisches Wild aus niederrheinischen Wäldern findet Verwendung, Ochsen, Kälber, Ferkel, Zicklein und Lämmer aus Hagenbroich, Scheveninger Matjes und der ganz seltene Schelde-Hummer aus dem benachbarten Zeeland. Nach Lehr- und Wanderjahren bei einigen der Großen der Branche fand der gebürtige Westfale Teigelkamp Gefallen daran, die Feinheiten des Kochberufs zu erlernen, schaute Franz Keller junior oder Heinz Winkler vom Tantris in die Töpfe, avancierte seinerseits zum Küchenchef im Konstanzer Hotel Halm und in Fritz Schillings Andresens Gasthof in Bargum. Dass es ihn irgendwann nach Viersen führte, wo er mit seiner Frau Pia die Alte Villa Ling übernahm, ist angesichts des Zaubers dieses faszinierenden Jugendstil-Kleinods kein Wunder. Doch wer so viel herumgekommen ist wie Wein- und Calvados-Liebhaber Teigelkamp (allein 60 alte Calvadossorten lagern im Keller), verharrt nicht in der Region. Der Chef stöbert gern im Angebot französischer oder italienischer Märkte, kauft frische Jakobsmuscheln, Duroc-Schweine oder aus der Bretagne angelieferten Steinbutt und Bonito. „Ich lasse mich gern inspirieren und nutze authentische Angaben meiner asiatischen Mitarbeiter", sagt Teigelkamp, der auch die spannendsten vegetarischen Menüs im Umkreis von 100 Kilometern anrichtet.

Kalbsbries mit „Zimt und Zunder"

auf scharfem Linsen-Joghurt

Zutaten für 4-6 Personen

Linsen-Joghurt

350 g fetter Joghurt (z.B. türkischer oder griechischer Joghurt oder Sauerrahm)
125 g gekochte Linsen
5 g Salz
2 g hausgemachtes Curry
2 g hausgemachtes Garam Masala (geröstet)
15 g gehackter frischer Ingwer
½ kleine Chilischote, gehackt
1 kleine Knoblauchzehe, gehackt
Schale von 1/3 Bio-Zitrone (oder Limettenschale), gerieben
1 Prise Zimt (ca. 1 g)
Saft von 1/2 Zitrone
50 g süßes Mangopüree
2 kleine Zweige grüner Koriander

Bries

800 g bestes Kalbsbries
etwas Zimt, gemahlen
etwas Schwarzkümmel, ganz
etwas Kreuzkümmel, ganz

Court Bouillon

1 l helle Brühe
500 ml trockener Riesling
20 g Meersalz
1 EL Koriandersaat
10 Pfefferkörner
1 grünes Lorbeerblatt
1 Knoblauchzehe
1 Streifen Zitronenschale

Zubereitung

» Für den Linsen-Joghurt alle Zutaten verrühren und 24 Stunden im Kühlschrank harmonisieren lassen.

» Für den Fond alle Zutaten zusammen aufkochen. Das von außen geputzte Bries in den Fond geben und wie bei einem Tee ca. 15 Minuten ziehen lassen, auf keinen Fall kochen. Das Bries im Fond erkalten lassen und darin mindestens zwei Tage abgedeckt im Kühlschrank belassen.

» Zum Braten in ca. 1 cm dicke Schnitzel schneiden und in frischer Butter vorsichtig von beiden Seiten hellbraun braten. Auf keinen Fall zu heiß oder zu lange braten. Mit wenig gemahlenem Zimt, ganzem Schwarzkümmel und ganzem Kreuzkümmel würzen.

» Dazu schmecken sehr gut gebratener Zwiebellauch und kleine Auberginen.

Ganache-Törtchen „Opera“

mit niederrheinischen Portwein-Mirabellen

Zutaten für 4-6 Personen

Portwein-Mirabellen

300 g Mirabellen entsteint
4 cl Mirabellenschnaps (oder Cointreau)
10 g Agar-Agar oder 10 g Tortenguss, klar
200 ml kräftiger Rotwein
200 ml roter Portwein (Ruby)
60 g Zucker
2 EL Waldhonig
50 g Crème de Cassis
2 EL dunkler Balsamico

Ganache-Törtchen

2 ganze Eier
1 Eigelb
70 g Zucker
1 Prise Salz
30 g gesiebtes Mehl
20 g gesiebtes Kakaopulver
10 g Stärke
10 g heiße Butter

Weiße Ganache

150 g weiße Kuvertüre
40 ml Sahne
20 g Cointreau

Dunkle Ganache

60 g dunkle Kuvertüre
60 g Vollmilchkuvertüre
60 ml Sahne
20 ml Jamaica-Rum (80 % Alkohol)

Zubereitung

» Mirabellen mit der Spitzzange entsteinen, so dass diese ganz bleiben. Rotwein, Portwein, Zucker, Balsamico, Honig und Crème de Cassis auf etwa die Hälfte einkochen, die Mirabellen hinzugeben und ca. 2-4 Minuten mitkochen (je nach Reifegrad). Herausnehmen und auf flachem Geschirr auskühlen lassen. Den Fond (ergibt ca. 400 ml) mit Agar-Agar oder Tortenguss (mit etwas Wasser kalt anruhren und unter Kochen einrühren) abbinden. Mirabellenschnaps oder Cointreau nach dem Binden unterrühren. Der Fond lässt sich gut in Gläsern aufheben.

» Für die Ganache-Törtchen Eier, Eigelb und Zucker fest schlagen, Salz, Kakao, Butter, Mehl und Stärke unterheben. Auf einem kleinen Kuchenblech mit Backpapier von ca. 20 mal 30 cm etwa 1 cm hoch aufstreichen und bei 160° C im Ofen backen.

» Die kleingeschnittenen Kuvertüren jeweils mit der heißen Sahne übergießen und glattrühren, zuletzt den Alkohol hinzufügen. Erkalten lassen und, bevor diese Massen fest werden, auf den Biskuitboden einschichten, beginnend mit der weißen Ganache. Im Kühlschrank erstarren lassen und dann die dunkle Masse auffüllen. Nochmals erstarren lassen, dann in Portionen schneiden und mit den Mirabellen servieren.

Wenn sich Marielle und Christoph kennenlernen und beschließen, zusammen ein Restaurant zu eröffnen, nennen sie es vermutlich fast automatisch MarieChris. Jedenfalls dann, wenn sie die Unkompliziertheit der Küche zum Ausdruck bringen wollen. Genau von der kann sich der Gast übrigens auch bei Tisch überzeugen. Mit altehrwürdigen, steifen Ess- und Trinksitten hat das, was Marielle Canders und Christoph Schneider in Straelen bieten, nicht das Geringste zu tun. Das 2011 eröffnete Restaurant, das in einem alten Gebäude von 1790 untergebracht ist, wurde ausgiebig renoviert. Parkett, frische Farben, moderne Sets auf den Tischen: Hier sollen sich alle wohlfühlen – ganz egal, ob sie ein komplettes Menü verzehren oder nur eine Portion Schweinefilet im Serranoschinkenmantel bestellen wollen. Das mit griechischem Feta gefüllte und auf mediterran gewürztem Gemüse angerichtete Fleisch zeigt übrigens beispielhaft die Vorstellung von Küchenchef Christoph Schneider: Ideenreich darf die Küche sein, kräftig gewürzt, gern mal von den Ländern des Mittelmeerraumes inspiriert. Was nicht bedeutet, dass man nicht auch niederrheinische Traditionen einbauen würde: Stets wird pfiffig gewürzt und munter kombiniert – wie beim Räucherlachskonfekt, das mit Pumpernickel, Frischkäse und eingelegter Paprika verfeinert wurde. Die Grundlagen für solche Kreationen hat sich Christoph Schneider während seiner Lehr- und Wanderjahre erworben. In Österreich durchlief der gelernte Koch alle notwendigen Stationen, vom Commis de Cuisine bis zum Souschef in der gehobenen Hotellerie. Verantwortlich für seinen Umzug an den Niederrhein war dann aber Marielle Canders. Weil die gebürtige Straelenerin um das leerstehende Gebäude in der Innenstadt wusste, wurde der Entschluss hier ein eigenes Restaurant zu eröffnen gefasst: Auf den Kauf folgten Umbau und Eröffnung. Der Erfolg stellte sich rasch ein. Weil sich MarieChris auch für Feierlichkeiten einen Namen gemacht hat und weil hier Ansprüche und Umsetzung perfekt zusammenpassen.

Kürbiskernparfait
mit Schokoladentarte

Zutaten für 4 Personen

Kürbiskernparfait

4 Eiweiß
8 Eigelb
300 g Zucker
2 Päcken Vanillezucker
2 Prisen Salz
600 g geschlagene Sahne
100 g Kürbiskerne, geröstet
50 ml Kürbiskernöl

Tarte au chocolat

200 g Butter
200 g Schokolade
100 g Schokoladenraspel
100 g Zucker
4 Eier
2 EL Maisstärke
2 EL Backkakao
1 Päckchen Backpulver
1 Prise Salz

Zubereitung

» Eiweiß mit etwas Zucker aufschlagen, Eigelb, Zucker, Vanillezucker und Salz über dem Wasserbad schaumig rühren (zur Rose abziehen), danach kalt schlagen. Die Kerne erst rösten, dann hacken. Die Hälfte der Kerne mit dem Öl vermischen, kalte Sahne aufschlagen und zusammen vorsichtig mit dem Eischnee in die Eigelbmasse unterziehen. Gefrieren lassen (ca. 5 Stunden), anschließend mit den restlichen Kernen bemehlen.

» Für die Tarte die Butter mit der Schokolade langsam schmelzen, Eier trennen, Eiweiß aufschlagen. Die restlichen Zutaten vermengen, das geschlagene Eiweiß zum Schluss unterheben.

» Die Masse in eine Springform füllen und bei 150° C ca. 20 Minuten backen.

Kalbsröllchen

im Parmaschinken-Mantel, gefüllt mit Pfifferlingen und Salbei an Kartoffelstrudel und Zucchini-Karotten-Gemüse mit Soja-Honig-Reduktion

Zutaten für 4 Personen

Kalbsröllchen

600 g Kalbsrücken, küchenfertig pariert
8 Scheiben Parmaschinken
200 g Pfifferlinge
1 kleiner Bund Salbei
Salz, Pfeffer
Knoblauch
1 Schalotte
etwas Öl
1 Schuss Essig

Kartoffelstrudel

400 g Kartoffeln
200 g Süßkartoffeln
1 Packung Strudelteig
300 ml Sahne
etwa 1 EL Butter
½ EL Mehl
Salz, Pfeffer, Muskat,
Majoran, Knoblauch

Gemüse

300 g Zucchini
300 g Karotten
Butter
Salz, Zucker

Sojareduktion

100 ml Sojasauce
100 ml Honig
50 ml Wasser
etwas Stärke zum Binden

Zubereitung

» Vom Kalbsrücken 4 kleine Steaks schneiden, mit dem sogenannten Schmetterlingsschnitt aufschneiden, unter Folie plattieren.

» Schalotte fein würfeln, glasig anschwitzen, gewaschene Pfifferlinge kurz mit anbraten, mit Salz, Pfeffer, Knoblauch und einem Schuss Essig abschmecken, danach abkühlen lassen und fein hacken. Salbei waschen und zupfen, die Pilzmasse gleichmäßig auf dem Fleisch verteilen, Salbei auf die Masse legen, einrollen.

» Parmaschinken nebeneinander legen und die Kalbsröllchen mit der Eröffnung nach unten fest einrollen, scharf anbraten, auf kleiner Flamme 3-4 Minuten ziehen lassen, einmal wenden.

» Die Kartoffeln würfeln und bissfest kochen, die Süßkartoffeln etwas kürzer. Butter flüssig werden lassen, Mehl anschwitzen und mit Sahne ablöschen und kurz auskochen lassen. Kartoffeln in eine Schüssel geben und mit der Sahneschwitze vermengen, abschmecken. In Strudelteig eindrehen (doppelt oder dreifach), mit Butter bestreichen. Bei 170° C 20-25 Minuten backen.

» Die Karotten schälen und anschließend mit den Zucchini tournieren. Kurz bissfest im Salzwasser getrennt blanchieren, mit Butter, Salz und Zucker glasieren, anrichten.

» Die Zutaten für die Sojareduktion aufkochen, kurz einreduzieren lassen und etwas abbinden.

Daniel Thomas ist einer, der einen guten Draht zu seinen Stammkunden hat. Und zu denen, die das erste Mal ins moderne, frische und jugendliche Restaurant in Geldern kommen. „Ich bin der Typ, der zufrieden ist, wenn die Gäste zufrieden sind", sagt der junge Koch. Und weil Daniel Thomas hier geboren wurde, weil er in einer der schönsten Städte am Niederrhein aufwuchs und nach Stationen im Ausland wieder zurück wollte, passt alles perfekt zusammen. Ins Restaurant Thomas kann man einfach mal hineinschnuppern: Die Tür steht bei schönem Wetter offen, auf der Tafel listet die Küche alle aktuellen Spezialitäten, und wer nur eine Kleinigkeit essen möchte ist ebenso willkommen wie der, der es unter fünf Gängen nicht macht.

Die Sorge, ob man alles bewältigt, mag in diesem Falle berechtigt sein – aber Schwellenängste muss niemand haben, der im Thomas einen Tisch reserviert.

Eine Reservierung scheint übrigens vonnöten, zumindest am Wochenende, denn das Konzept kommt an. Heimische Produkte stehen hoch im Kurs, das Team arbeitet mit benachbarten Gärtnereien und Metzgereien zusammen, kann Auskunft geben über die Zutaten und deren Verarbeitung. „Unsere Gäste wollen wissen, wo die Ware herkommt", hat Daniel Thomas herausgefunden. Und falls sie noch mehr wissen wollen: Der Chef berichtet gern, dass er mal sechs Monate in Neuseeland gearbeitet hat, als Küchenchef in einem großen Restaurant. Die Verarbeitung von Lamm und Fisch hat er am anderen Ende der Welt gelernt, eine gewisse Gelassenheit auch. Wenn etwas aus ist, was auf der Karte steht, aber besonders eifrig nachgefragt wird, ist es halt aus. Noch lange kein Grund, auf Tiefkühlware zurückzugreifen. „Wir machen alles selbst", sagt Daniel Thomas. Die Nudelblätter für die Lasagne, die Pommes frites oder den Crumble von Äpfeln, den man hier nach Vorspeise und Hauptgang bestellen kann. Manchmal wenigstens, denn die Karte ist klein, wird saisonal angepasst und richtet sich nach dem, was gerade verfügbar ist auf dem Markt. Die Gäste, die seit der Eröffnung mit Begeisterung ins Thomas strömen, scheinen genau das zu lieben!

Crumble von Äpfeln und Beeren
mit Weinschaum und Zitroneneis

Zutaten für 4 Personen

250 g Mehl
150 g Zucker
1 EL Vanillezucker
Salz
1 Ei (Größe M)
200 g Butter
1 kg frische Beeren
1 kg Äpfel
etwas Butter zum Einfetten der Form
Minze zum Verzieren

Zubereitung

» Mehl mit Zucker, Vanillezucker und einer Prise Salz vermengen. Das Ei und die Butter in Stückchen zufügen. Mit dem Handrührgerät zu Streuseln verarbeiten. Die Äpfel waschen, schälen und in kleine Streifen schneiden. Die Erdbeeren waschen und klein schneiden. Alle Früchte in eine flache, mit Butter gefettete Ofenform geben und gleichmäßig verteilen. Die Streusel gleichmäßig darüberstreuen. Im vorgeheizten Ofen (E-Herd: 200° C/Umluft 175° C) etwa 25-30 Minuten backen. Herausnehmen und mit einer runden Form ausstechen. Mit einer Kugel Zitroneneis und frischer Minze servieren.

Lammfilet überbacken

mit Kräuterpinienkernkruste an Speckbohnen, Rosmarin-Kartoffeln und Balsamicosauce

Zutaten für 4 Personen

4 Lammlachse
Öl zum Braten
2 mittelgroße Zwiebeln
2-3 Zweige frischer Rosmarin
1-2 Zweige frischer Thymian
5 EL Butter
Salz, Pfeffer
1 EL Zucker
75 g Mehl
2 EL Pinienkerne

Zubereitung

» Zwiebeln schälen und in kleine Würfel hacken. Rosmarin und Thymian waschen, die Nadeln zupfen und diese fein hacken. 3 EL Butter erhitzen, die geschälten und fein gewürfelten Zwiebeln, den geschälten und fein gewürfelten Knoblauch und die gehackten Kräuter darin andünsten. Kräftig mit Salz und Pfeffer würzen.

» Die Masse in einer Schüssel ca. 5 Minuten abkühlen lassen. Pinienkerne hacken und hinzugeben, ebenso den Zucker. Mit Mehl zu Streuseln verarbeiten.

» Das Fleisch trocken tupfen und in einer Pfanne mit Öl scharf anbraten, mit Salz und Pfeffer würzen. Das Fleisch bei Raumtemperatur 10 Minuten ruhen lassen. Die Lammlachse auf ein mit Backpapier ausgelegtes Backblech legen und die Kräuter-Pinienkern-Streusel darauf auslegen. Im vorgeheizten Backofen (200° C, E-Herd) ca. 8-12 Min backen.

» Das Fleisch mit Speckbohnen, Rosmarin-Kartoffeln und einer Balsamicosauce servieren.

Von einem Hotel am See erwartet man Ruhe und Erholung, vom niederrheinischen Geldern kulinarische Erlebnisse mit Sinn für Regionales. Und alles zusammen bekommt der Gast mit erstaunlicher Selbstverständlichkeit im See Park Janssen. Das familiengeführte Vier-Sterne-Hotel vergleicht sich zwar, was Komfort und Arrangements angeht, mit internationalen Häusern, spielt aber bewusst die niederrheinische Karte – und weiß mit dieser Entscheidung unzählige Gäste hinter sich. Inhaber Marc Janssen und Küchenchef Andreas Rauch suchen ständig nach den besten Produkten der Region und arbeiten aus Leidenschaft mit Walbecker Spargel – vielleicht als Trilogie aus Spargelsalat, Spargelterrine und mariniertem Spargel –, schätzen die hiesige Fleischqualität und servieren zu den holländischen Matjesfilets Bohnengemüse und Schmörkes, die für Geldern so typischen jungen, in der Pfanne gegarten Kartoffeln. Niederrheinischer geht es kaum. Und doch hat der junge Küchenchef Andreas Rauch, ein gebürtiger Gelderner, mehr im Sinn, als nur das zu verarbeiten, was hier immer schon auf dem Speiseplan stand. Dezent, aber merklich werden hier und da Gewürze und Zutaten von anderswo verarbeitet – die Matjessushi im Noriblatt, mit Wasabi gewürzt, stehen beispielhaft für eine kreative Art des Kochens, die nie vom Boden abhebt. Abheben dürfen allein die Gäste, wenn sie die Vielfalt des kulinarischen Jahreskalenders erleben, zu den Steakwochen und Käsemenüs anreisen, Familienlunch und Candlelight-Dinner am Rayersee genießen. Die herrliche Terrasse am See eignet sich auch besonders Nachmittag zum Genuss von hausgebackenem Kuchen und frisch zubereiteten Waffeln. Dass sich manche Gäste anschließend gleich nach Wellnessangeboten und Zimmerpreisen erkundigen, um den Kurzaufenthalt in der Idylle zu verlängern, ist weit mehr als nur ein Gerücht!

Langsam gegarter Rehrücken

mit Rotweinschalotten, feinem Gemüse und farbenfrohen Kartoffeln

Zutaten für 4 Personen

800 g Rehrücken (schier)
200 g Wildfarce
Salz, Pfeffer, Wacholderbeeren
1 EL Öl
50 g Butter
1 Zweig Rosmarin
1 Zweig Thymian
3 EL Mehl
1 Ei (M)
4-5 EL Milch
Kerbel, Petersilie, Thymian, gehackt

Rotweinschalotten
4 Schalotten
100 g braunen Zucker
500 ml kräftiger Rotwein
Salz, Pfeffer, Wacholderbeeren, Lorbeerlaub
verschiedenfarbigen Kartoffeln

Zubereitung

» Rehrücken vom Metzger oder Jäger parieren und Abschnitte zu einer Farce verarbeiten lassen.

» Den Rehrücken bei sehr schwacher Hitze in Öl und Butter mit Kräutern andünsten. Sobald die Butter zu stark spritzt oder zu dunkel wird, Temperatur vermindern. Fleisch soll nur Farbe nehmen und nicht durchgaren. Aus Mehl, Ei, Milch und Kräutern einen Pfannkuchen herstellen und diesen auf Klarsichtfolie legen. Mit Farce bestreichen.

» Angebratenen Rehrücken darauflegen und einrollen. Überstehende Pfannekuchenteile abschneiden. Die Roulade nun bei 100° C für ca. 1 Stunde im Ofen garen. Bei 56° C Kerntemperatur ist das Fleisch saftig rosa und nicht zu blutig.

» Für die Schalotten Zucker in einem Topf karamellisieren lassen und mit Rotwein ablöschen. Wacholder und Lorbeer hinzugeben und mit Salz und Pfeffer würzen. Schalotten hinzugeben und den Rotwein bis zu einer sämigen Konsistenz einkochen lassen.

» Mit verschiedenfarbigen Kartoffeln servieren.

Zutaten für 4 Personen

Kürbiskernsüppchen

200 g Kürbiskerne
100 g Schalotten
4 EL Kürbiskernöl
300 ml Geflügelbrühe
100 g Kartoffeln (mehlig)
200 ml Sahne
Salz, Pfeffer

Kürbis-Kartoffel-Puffer

250 g festkochende Kartoffeln
150 g Zwiebeln
250 g Butternut-Kürbis
½ Bund glatte Petersilie
25 g Mehl
1 Eigelb
geriebene Muskatnuss

Lollipop vom Kürbis

300 g Hokkaidokürbis (mit Schale)
100 g Zwiebelwürfel
1 EL Kürbiskernöl
200 ml Geflügelbrühe
Cayennepfeffer, Salz, Pfeffer, roter Curry
32 g Aspik oder Gelatine
500 g Büffelmozzarella
100 g Crème fraîche
Salz, Pfeffer
32 g Aspik oder Gelatine

Kürbis-Wan-Tan

4 Wan-Tan-Blätter
100 g Muskatkürbiswürfel
50 g Staudenselleriewürfel
50 g Karottenwürfel
1 Zweig Koriander
Sesamöl, Reisessig,
roter Curry, Cayennepfeffer
feine Bambusschnüre
oder Schnittlauch

Kürbiserlebnis
in 4 Variationen

Zubereitung

» Schalotten schälen, würfeln und mit Kürbiskernöl glasig andünsten. Kürbiskerne hinzugeben und bei schwacher Hitze mitrösten bis die Kürbiskerne leise knacken. Kartoffeln schälen, würfeln und in den Topf geben. Mit Brühe aufgießen und ca. 15 Minuten leicht köcheln lassen. Pürieren und mit Sahne aufgießen. Mit Salz, Pfeffer abschmecken. Je nach Geschmack durch ein Sieb streichen.

» Für die Puffer Kartoffeln schälen, Kartoffeln und Zwiebeln grob zerteilen. Beides mit der feinen Reibe der Küchenmaschine sehr fein reiben. In einem Sieb 20 Minuten gut abtropfen lassen, die Flüssigkeit auffangen. Abtropfflüssigkeit vorsichtig abgießen und die abgesetzte Kartoffelstärke aufbewahren. Kürbis schälen, entkernen und grob reiben. Mit der Kartoffelmasse mischen.

» Petersilienblätter von den Stielen zupfen und grob hacken. Mehl und Eigelb unter den Kürbis-Kartoffel-Teig mischen, mit Salz, Pfeffer und Muskat würzen. Kartoffelstärke und Petersilie zugeben. Restliches Öl in einer beschichteten Pfanne erhitzen.

» Für die Lollipops den Kürbis halbieren, entkernen und mit Schale in haselnussgroße Stücke schneiden. Zwiebelwürfel und Kürbis mit Kernöl im Topf bei leichter Hitze ca.10 Minuten dünsten. Curry und Cayennepfeffer hinzugeben und weitere 5 Minuten leicht rösten. Mit Brühe auffüllen, zum Kochen bringen, pürieren und mit Salz Pfeffer abschmecken. Aspik einarbeiten.

» Büffelmozzarella und Crème fraîche im Topf schmelzen und pürieren. Abschmecken mit Salz und Pfeffer, Aspik einarbeiten.

» Heiße Mozzarellamasse auf ein kaltes Backblech gießen und für eine Stunde in den Kühlschrank stellen. Die Kürbismasse bei Raumtemperatur stehen lassen. Sobald die Mozzarellamasse erstarrt ist, aus dem Kühlschrank nehmen und die Kürbismasse darübergießen. 1 Stunde in den Kühlschrank stellen.
Danach 1 cm breite Streifen quer über das Backblech schneiden und diese zu Lollipops aufrollen.

» Für die Wan-Tans Kürbis- und Gemüsewürfel mit Sesamöl und Gewürzen in einer Pfanne kurz anbraten und auf einem Küchentuch abtropfen lassen. Mit einem Teelöffel ein Viertel der Masse auf jeweils ein Wan-Tan-Stück legen, die Ecken zusammenführen und zu einem Säckchen formen. Mit Bambus oder Schnittlauch verknoten.

Italienische Küche ist eigentlich ganz einfach. Bestes Mehl, beste Tomaten, großartiger Käse. Wenn man dann noch frisches Basilikum und jungfräuliches Olivenöl dazurechnet, ist das Ergebnis schon vorhersehbar: Es ist frisch, knusprig und unvergleichbar, nennt sich Pizza und gehört zum Besten, was man auf dieser Welt bestellen kann. Noch großartiger als die Durchschnittspizza ist wohl nur die, welche Lorenzo Gashi Tag für Tag in die Luft wirft. Geknetet und gedrückt werden muss der Teig, erfährt man beim Besuch, anschließend gerollt und gewalkt, nach oben geschleudert und aufgefangen. Auf dass sich die Bestandteile des Ganzen nur ja miteinander verbinden und auch noch genügend Luft eingearbeitet wird: Nur so wird die Pizza gut. Dass der Kevelaerer Pizzaiolo sein Handwerk versteht, beweist schon eine begehrte Auszeichnung: Bei einem renommierten Pizzawettbewerb wurde Lorenzo Gashi zum besten Pizzabäcker in ganz Deutschland gekürt. Wer nachverkosten will: Die Teigfladen aus dem weit über 300 Grad Celsius erreichenden Spezialofen werden in zahlreichen Varianten serviert – klassisch nur mit Tomatenpüree, Mozzarella und Basilikum oder kreativ verfeinert und ganz schön scharf.

Doch die Trattoria, die schon seit Menschengedenken existiert, ist nicht einfach nur eine Pizzabude, sondern ein Familienrestaurant. Padrone Bledi Gashi informiert gern über die Pastagerichte des Tages, die andere große Spezialität des Ristorante. Hausgemacht natürlich und nicht weniger vielfältig als im Falle der Pizza. Mamma Giuska, die Tag für Tag die Mischung aus Weizenmehl und Hartweizengrieß verarbeitet, hätte auch einen Preis verdient für Tagliatelle, Ravioli oder Strozzapreti. Sogar seltene Spezialitäten wie die Corzetti alla piemontese, die mit Trüffeln verfeinerten Teigwaren, sind dann und wann zu haben. Und spätestens in dem Moment, in dem Weinkenner Bledi Gashi einen großen Roten aus dem Piemont empfiehlt, wird einem der Status des Ristorante klar. Die Trattoria la Piazza ist alles in einem: Gourmetrestaurant, Pizzeria, Institution am Niederrhein und Weinlokal mit erstaunlich gut sortierter Karte – von Pétrus bis Antinori. Oder einfach nur ein Ort, an dem man einen überdurchschnittlich guten Espresso trinken und sich wohlfühlen kann.

Seeteufel

mit frischem Gemüse und Weißwein

Zutaten für 4 Personen

1 kg Seeteufel
Salz, Pfeffer
1 Bund frischer Thymian
Olivenöl extra vergine
1 kg Kartoffeln, je nach Topfgröße
1 Bund Möhren
8 EL Oliven
6 Zucchini
300 ml Weißwein
300 ml Fischfond

Zubereitung

» Den Fisch salzen und pfeffern, mit frischem Thymian bedecken und mit Olivenöl extra vergine beträufeln. Dann von jeder Seite ca. 2 Minuten grillen. Nun die Pfanne mit Deckel in den auf 100° C vorgeheizten Backofen stellen.

» Kartoffeln schälen, Möhren ebenfalls schälen, zusammen mit Oliven und Zucchini in einen großen Topf (gern Kupfer) geben. Den Fisch mit Weißwein und Fischfond dazugeben. Im Backofen bei ca. 180° C etwa 2 Stunden backen.

» Mit geröstetem Brot servieren.

Corzetti alla piemontese

gefüllte Nudeln nach alter piemontesischer Art

Zutaten für 4 Personen

250 g Hartweizengrieß
250 g Weizenmehl
5 Eier, Salz
Mehl zum Bestäuben

Füllung

350 g frischer Ricotta
frische Trüffel nach Belieben (z.B. von Bos-Food)
Salz, Pfeffer, frisch geriebene Muskatnuss
20 g Parmigiano Reggiano, frisch gerieben
4 frische Eigelb

Sauce

500 ml frische Sahne
50 ml trockener Weißwein
je 1 TL frischer Thymian, Salbei, Basilikum
1 TL frische Petersilie
1 EL Parma-Butter
(demi-sel, also leicht gesalzen)
20 g Parmigiano Reggiano
Salz, Pfeffer und Kräutersalz

Dekoration

gehobelter Pecorino, frisch gehobelte Trüffel

Zubereitung

» Das Mehl auf die Arbeitsfläche sieben, in die Mitte eine Mulde drücken, Eier und Salz hineingeben. Vom Rand aus das Mehl einarbeiten und einen groben Teig herstellen. Den Teig 15 Minuten kneten, bis er geschmeidig ist. In Folie wickeln und eine Stunde ruhen lassen. Die Arbeitsfläche mit Mehl bestäuben und den Teig mit einem bemehlten Nudelholz dünn ausrollen, indem er immer wieder gedreht wird, so dass er von allen Seiten gleichmäßig gedehnt wird.

» Ricotta mit den Trüffeln und dem Rest der Zutaten vermischen, bis eine homogene Masse entstanden ist. Mit dieser Masse den Nudelteig füllen (Corzetti).

» Für die Sauce in einer Pfanne auf mittlerer Hitze Butter anschwitzen und die Kräuter dazugeben, bis sich die Aromen entfalten. Mit Weißwein ablöschen und die Sahne hinzugeben. Etwa 15 Minuten bei mittlerer Hitze kochen lassen, Kräutersalz, Salz und Pfeffer sowie den frisch geriebenen Parmigiano hinzugeben.

» Nachdem das Ganze auf die gewünschte Sämigkeit eingekocht wurde, die frischen Corzetti dazugeben.

» Alles mit frisch gehobelten Trüffeln und geriebenem Pecorino anrichten.

Krefeld und Neuss

Wer auf sich halte, erzählt man sich im Rheinland, wohne nicht in Düsseldorf, sondern gleich daneben. Wo es wie in Neuss oder in Meerbusch zwar lebendig zugeht, aber auch ganz schön ländlich. Tatsächlich gehört dieser Teil des Niederrheins zu den schönsten Gegenden zwischen Rhein und Maas – von Düsseldorf aus rasch über eine der vielen Brücken zu erreichen. Neuss gilt als eine der ältesten Städte Deutschlands und fasziniert allein mit seiner Geschichte, hat aber auch in kulinarischer Hinsicht einiges vorzuweisen. Im Umkreis der Stadt werden Gänse gezüchtet und Pilze herangezogen, auch die Neusser Gastroszene genießt Zuspruch; etablierte Gastronomen und kreative Newcomer ergänzen sich auf perfekte Weise. Doch wer Neuss sagt, muss auch einen anderen Ort erwähnen. Nicht viel jünger als das alte römische Novaesium, hat sich Krefeld seiner Parks und Museen wegen als Touristenmagnet etablieren können. Auch mit kulinarischen Traditionen: Historische Gasthöfe und moderne Restaurants gehören zum Stadtbild, von der Bedeutung der Brauhauskultur kann man sich überzeugen. Viele der früher existierenden Brauereien sind zwar verschwunden, doch nach wie vor existiert in Krefeld gebrautes Bier. Obwohl man sich hier inmitten der Altbierregion befindet, kann auch andere Sorten verkosten.

Zu allen ausgeschenkten Bieren passen die Kreationen der niederrheinischen Küche. Sie profitieren von saisonalen Produkten und nicht zu knapper Würzung, kombinieren gern Kartoffeln mit Wirsing oder die berühmten niederrheinischen Äpfel mit Mehl, Butter und Eiern. Die mit reichlich Zucker und Fett hergestellten Apfel-Püfferkes sind beliebt, die niederrheinische Kaffeetafel kommt eher bei besonderen Gelegenheiten zu Ehren. Typisch für diese Zeremonie zwischen Mittagessen und Abendbrot ist die Verbindung von süßen und salzigen Zutaten, von Rübenkraut und Schwarzbrot, Leberwurst und Quark. Auch Schnibbelskuchen und Sauerbraten sind aus der hiesigen Küche nicht wegzudenken. Und wer es gern weltläufiger mag: Über den Rhein sind immer schon Einflüsse aus aller Welt in diesen Teil des Niederrheins gelangt.

Frauen in der Gastronomie sind keine Seltenheit, aber Frauen hinterm Herd, gar in verantwortlicher Position, gelten immer noch als Rarität. Doch von solchen Regeln und Perspektiven hat sich Marika Weinhold nie abschrecken lassen. Köchin wollte sie werden, seit sie denken kann, nur der Umzug an den Niederrhein war nie eingeplant, sondern erfolgte zufällig. Einmal angekommen, bewies die geborene Sächsin Marika Weinhold allerdings Mut und Ideenreichtum, übernahm ein Restaurant im Herzen von Neuss, stellte ein Team zusammen, gewann Gäste. „Wir machen eine junge, deutsche Küche", erklärt die Chefin, die sich nicht im Dunkel der Küche versteckt, sondern gern nach vorn kommt, die Kunden begrüßt, Spezialitäten empfiehlt. Alles ist einsehbar, und die Herkunft von Rezepten und Zutaten wird gern erläutert. Der Ursprung des Restaurantnamens natürlich auch. Spitzweg erinnert an den gleichnamigen Maler, der sicher nichts dagegen hätte, dass Reproduktionen seiner Bilder an den Wänden des Restaurants hängen.

Doch auf Künstlerkneipe lässt sich das Spitzweg nicht festlegen, auf Gourmetrestaurant auch nicht. Jung, frisch, kreativ soll sein, was die Speisen- und die Weinkarte listen, ganz ohne Beschränkungen. „Wir kochen nicht niederrheinisch oder sächsisch", sagt Marika Weinhold, „wir lassen uns immer etwas Neues einfallen. Hummer kann hier schon mal auf Kürbis treffen, ein Steinbutt vereint sich mit Risotto, Melonen, Orangen und Basilikum zu einer fruchtigen Fischkreation, und wer nicht die mediterranen Tapas bestellen mag, kann nach verfeinerten urdeutschen Speisen fragen. Omas Hühnerfrikassee? Sauerbraten? Auch das gehört zu Neuss guter Stube unverwechselbar dazu. Die passenden Weine kommen oft von kreativen deutschen Winzern, die passenden Gäste reisen auch aus Düsseldorf und aus dem Ruhrgebiet an. Spätestens im Jahr 2016, wenn das Spitzweg seinen 15-jährigen Geburtstag feiert, wird das Restaurant endgültig zu einer Institution geworden sein. Und trotzdem jung bleiben!

Steinbutt trifft Sommerfrische:

Steinbutt mit Melonenrisotto & Orangen-Basilikumschaum

Zutaten für 4 Personen

Orangen-Basilikumschaum

1 Steinbutt (1 – 2 kg)
300 g Wurzelgemüse für den Fond (Karotte, Lauch, Staudensellerie, Fenchel)
500 ml Weißwein
500 ml Orangensaft
1 Bund Basilikum
Salz, Pfefferkörner, Lorbeerblatt
30 g Zucker
30 g Butter

Risotto

200 g Risottoreis
2 Schalotten
10 ml Olivenöl
100 ml Weißwein
100 ml Gemüsebrühe
20 g Butter
2 EL Crème fraîche
3 Sorten Melone je ein Stück (Galia, Charentais, Wassermelone)
Salz, Pfeffer
Öl und Butter zum Braten und Verfeinern

Zubereitung

» Aus dem Steinbutt die Filets sauber lösen. Fischkarkasse zusammen mit Wurzelgemüsen, Gewürzen, Weißwein und kaltem Wasser zu einem Fond ansetzen und für ca. 2 Stunden sanft köcheln lassen. Den Fischfond durch ein Tuch passieren und eventuell weiter reduzieren, bis ein feiner Fischgeschmack vorhanden ist. Zucker karamellisieren lassen, mit Orangensaft ablöschen und bis auf ein Drittel reduzieren, etwas Basilikum hinzugeben und ca. 10 Minuten ziehen lassen. Basilikum auspassieren und die Orangensauce mit 100 ml Fischfond auffüllen und weitere 20 Minuten köcheln und reduzieren lassen. Kurz vor dem Anrichten die kalte fein gewürfelte Butter unter die Sauce mixen und einige fein geschnittene Basilikumfäden unterheben.

» Für den Melonenrisotto die Schalotten fein würfeln, in Olivenöl anschwitzen, den Reis dazugeben und kurz farblos mitschwitzen. Mit Weißwein und Gemüsebrühe auffüllen und unter ständigem Rühren garen, zwischenzeitlich erneut mit Flüssigkeit auffüllen und etwas Butter hinzufügen.

» Die Melonensorten fein würfeln, dabei den Saft auffangen und verwahren. Kurz vor dem Anrichten Melonensaft, Melonenwürfel und Crème fraîche unterheben.

» Die Steinbuttfilets sanft goldbraun braten und anrichten. Mit einigen Melonenstücken und ggf. etwas frittiertem Basilikum garnieren.

Hummer trifft Kürbis:

Hummerravioli mit Hummerschaum und gebackener Kürbisblüte

Zutaten für 4 Personen

Hummerschaum & Raviolifüllung

1 Hummer
300 g Wurzelgemüse für den Fond
(Karotte, Lauch, Staudensellerie, Fenchel)
1 EL Tomatenmark
500 ml Weißwein
100 ml Crémant
(oder ein anderer trockener Schaumwein)
100 ml Sahne
5 cl Pernod
Salz, Pfefferkörner, Lorbeerblatt

Ravioliteig

400 g Hartweizengrieß
2 Eier
10 ml Olivenöl
Salz

außerdem

4 Kürbisblüten
30 g Kürbiskerne
10 ml Kürbiskernöl
20 g Tempurateig
Öl und Butter zum
Braten und verfeinern

Zubereitung

» Den Hummer in kochendem Salzwasser möglichst kurz und schmerzlos abkochen (ca. 5 Minuten), anschließend in Eiswasser abkühlen lassen. Das Hummerfleisch auslösen und fein würfeln, das Fleisch aus den Scheren ganz lassen und für später zur Deko verwahren. Die Hummerkarkasse mit den Wurzelgemüsen kräftig anrösten, Tomatenmark hinzugeben und kurz mitrösten. Das Ganze mit Weißwein ablöschen und bis auf 2 l Wasser auffüllen, Gewürze dazugeben und ca. 1,5 – 2 Stunden kochen. Den Fond passieren und weiter reduzieren bis auf 200 ml oder bis ein feiner Hummergeschmack vorhanden ist. Mit Crémant und Sahne auffüllen, kurz aufkochen und vor dem Anrichten kräftig aufschäumen.

» Für die Ravioli Eier, Olivenöl, 5 g Salz verrühren und mit 200 ml Wasser auffüllen. Die Flüssigkeit mit dem Hartweizengrieß mischen und kneten bis ein glatter Nudelteig entstanden ist, diesen für eine Stunde kühl stellen und anschließend fein ausrollen.

» Die Ravioli mit dem gewürfelten Hummerfleisch füllen und verschließen. Anschließend in kochendem Salzwasser 3 Minuten kochen.

» Für die gebackene Kürbisblüte den Tempurateig mit Wasser glattrühren. Die Kürbisblüte in Tempurateig hüllen, abtropfen lassen und ausfrittieren, bis sie goldgelbe Farbe hat.

» Die Ravioli mit Hummerschere und Kürbisblüte dekorativ anrichten. Mit Hummerschaum nappieren, ein paar Tropfen Kürbiskernöl und einige Kürbiskerne auf die Ravioli verteilen.

Die Kartoffeln würde man einem historischen Hof wie dem Buscherhof gewiss zutrauen – die Shiitake-Pilze aber nicht sofort. Doch der im Herzen des Rheinlandes zwischen Neuss und Grevenbroich gelegene Hof hat sich nie mit dem Vorhandenen begnügt, sondern immer nach Innovationen gesucht. Zum reinen Ackerbaubetrieb mit Kartoffeln, Zuckerrüben und Getreide gesellte sich also irgendwann auch der Bio-Shiitake hinzu.

Irgendwann bedeutet in diesem Fall das Jahr 2000. Damals entschieden Georg Wolfgarten und die ganze Familie, dass dem vor allem aus der asiatischen Küche bekannten Pilz die Zukunft gehören müsse. Erst recht dann, wenn er nach den Richtlinien der EU-Öko-Verordnung gezüchtet wird. Die entsprechenden Kontrollen werden jährlich durch staatlich anerkannte Prüfungsunternehmen durchgeführt, so dass man großen und kleinen Kunden die Sicherheit der Produkte garantieren kann. Der holzbewohnende Shiitake, auf Lateinisch als Lentinula edodes bekannt, stammt ursprünglich aus Ostasien, wird aber längst auch in der europäischen Küche geschätzt. Bei den Wolfgartens werden Shiitake in eigenen Kulturräumen

gezüchtet, zweimal täglich geerntet und sofort gekühlt, erst nach der entsprechenden Bestellung sortiert und verpackt. Apropos Bestellung: Die kann neuerdings auch bequem auf moderne Weise erfolgen, per Order im Onlineshop auf www.wolfgarten-buscherhof.de. Und die passenden Rezepte, um die Pilze auf die bestmögliche Weise zuzubereiten, liefert Georg Wolfsgarten ebenfalls gleich dazu – Shiitake können einfach gegrillt oder, als Beilage zu Fleisch oder Fisch, mit Händchen verfeinert werden.
Die klassischen, für den Niederrhein sehr viel typischeren Kartoffeln werden bei aller Leidenschaft für die Pilze nicht vernachlässigt. Das günstige Klima und die hervorragenden Löss-Lehm-Böden stellen die optimale Grundlage für die Produktion geschmacklich hochwertiger Kartoffeln dar. Zur Zeit werden neben festkochenden sowie einer mehligen Sorte Liebhaber- und Delikatesskartoffeln, wie eine rotschalige und eine blaufleischige Sorte angebaut. Die ideale Grundlage, um aromenstarke Pürees oder ganz besondere Backkartoffeln herzustellen, um einen kulinarischen Klassiker in ein Gourmetgericht zu verwandeln.

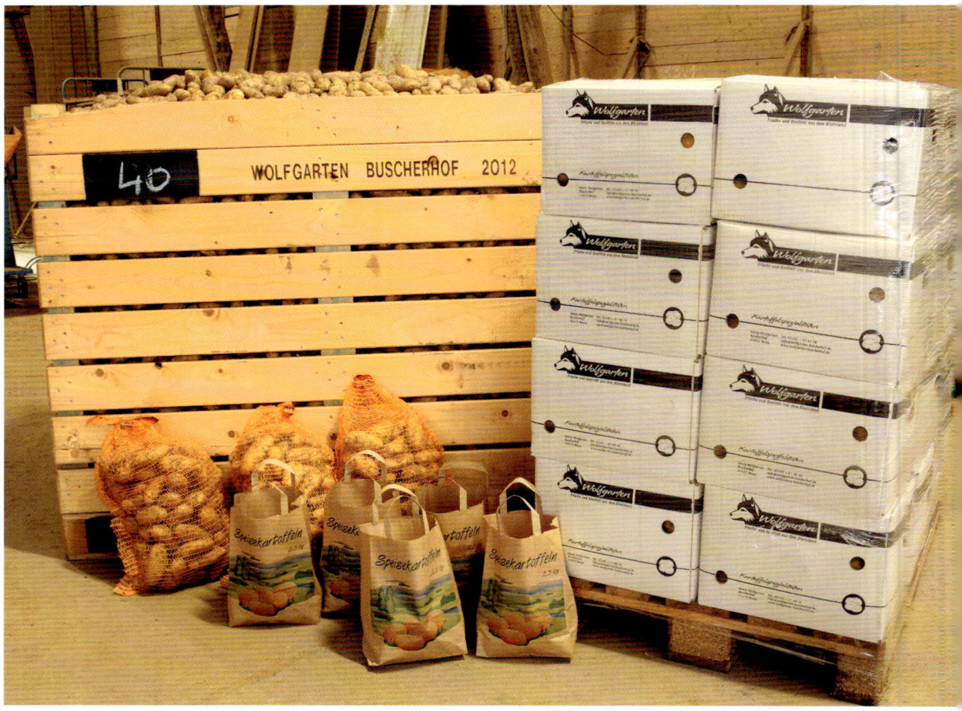

Gastronomen der alten Schule sind selten geworden und auch am Niederrhein nicht gerade an der Tagesordnung. Auf Josef Hiller indes trifft die Formulierung unter allen Umständen zu. Der Pächter des Restaurants Kaiserhof gehört zu den erfahrensten Restaurateuren der Region zwischen Rhein und Maas und feiert bald sein 21-jähriges Jubiläum im Kaiserhof. Zusammen mit seiner Frau Katrin hat er den Mittelpunkt Willicher Gastronomie geschaffen, hat sich in dieser Zeit ein feines Gespür für die Wünsche und Bedürfnisse seiner Gäste erarbeitet. Mag sich die Speisekarte auch geändert haben, mag die Position des Küchenchefs neu besetzt worden sein, so ist der Charakter des Hauses erhalten geblieben. Das gilt umso mehr, seit der Investor Hans Brocker vor ein paar Jahren den Kaiserhof samt allem Drum und Dran kaufte, renovierte und im neuen Glanz erstrahlen ließ. Das Geheimnis hinter dem Ruf des Kaiserhofs hat viel mit Gastfreundschaft zu tun, aber auch mit der Breite des Angebotes. Ein Feinschmeckerlokal mit hohen Eingangshürden ist das Restaurant nicht, bietet vielmehr von Flammkuchen bis zum Tomahawk-Steak vom Kalb frische, ideenreich verfeinerte Speisen. Gemüse, Käse, Fleisch und andere Zutaten werden zu einem Großteil in der Region eingekauft, doch vor Einflüssen Italiens oder Frankreichs fürchtet sich Josef Hiller nicht. Die Trilogie von Crèmes brûlées zählt zu den beliebtesten Desserts. Und dass man hier durchgehend geöffnet hat, keinen Ruhetag feiert und regelmäßig zu Events lädt, ist auch keinem Gourmet zwischen Mönchengladbach und Duisburg entgangen. Seine Vorzüge spielt der Kaiserhof allerdings auch bei Veranstaltungen aus. Die große Terrasse, die zu Buffets oder Menüs à la carte auch für große Gesellschaften einladenden Räumlichkeiten verführen dazu, seine Hochzeitsgesellschaft, runde Jubiläen oder andere Feierlichkeiten genau hier und nirgendwo anders zu organisieren. Josef Hiller wird auch im dritten Jahrzehnt seiner Gastronomen-Karriere am Niederrhein persönlich vor Ort sein!

Cappuccino von Karotten und Ingwer

Zutaten für 4 Personen

2 kg Möhren
½ Knolle Ingwer
500 g Zwiebeln
1 Chilischote, Salz
100 ml Weißwein
100 ml Sahne
schwarzes Meersalz, etwas Rapsöl

Zubereitung

» Zwiebeln glasig in Rapsöl anschwitzen. Die Möhren und den geschälten Ingwer durch den Entsafter schicken, die Zwiebeln mit Weißwein und Sahne ablöschen und den Möhren- und Ingwersaft hinzugeben und reduzieren lassen. Mit Salz und Chili abschmecken. Die Suppe in warme Gläser füllen und obenauf die halb geschlagene Sahne geben. Mit etwas schwarzem Meersalz dekorieren. (Tipp: Die Sahne schaumig schlagen, so dass sie halbflüssig bleibt. Sie ähnelt dann dem Milchschaum auf dem Cappuccino.)

Zutaten für 4 Personen

2 ganze Lammkarrees
Salz und Pfeffer
frischer Rosmarin für die Sauce
Olivenöl zum Braten
500 ml Rotwein
500 ml Fond
eventuell Butter und/oder Speisestärke zum Binden

Bärlauch-Kräuter-Kruste

100 g Butter
30 g Panko-Mehl
Pfeffer, Salz
100 g Bärlauch, gehackt
50 g Petersilie, gehackt

Spargel

500 g Spargel, grün
500 g Spargel, weiß
Salz, Weißwein, Orangenschale

Preiselbeersahne

100 g Preiselbeeren
100 g geschlagene Sahne

Kartoffel-Trilogie

500 g neue Kartoffeln, gewaschen und halbiert bzw. gewürfelt
frischer Kerbel
Strudelteig
Butter
Salz, Pfeffer
Öl zum Frittieren

Lammkarree

mit Bärlauch-Kräuter-Kruste, Rosmarinjus, buntem Spargel und Kartoffel-Trilogie

Zubereitung

» Die Lammkarrees parieren, also von allen Sehnen befreien und die Knochen blank schaben. Mit Salz und Pfeffer würzen. In Öl anbraten. Aus den Krustenzutaten eine Masse herstellen und diese auf dem Fleisch verteilen. Im Ofen fertig garen, bis das Fleisch rosa ist und die Kruste knusprig braun aussieht. Den Bratensatz mit Rotwein und Fond ablöschen, Rosmarin dazugeben und auf ⅓ reduzieren lassen. Abschmecken und eventuell mit kalter Butter oder ein wenig Speisestärke binden. Den Spargel im fein abgestimmtem Sud bissfest (oder nach Belieben) blanchieren.

» Für die Preiselbeersahne die Preiselbeeren unter die geschlagene Sahne heben.

» Für die Kartoffel-Trilogie Pommes Rissolées zubereiten (geschälte und tournierte Kartoffeln zur Hälfte kochen und dann vor dem Verzehr zu Ende sautieren). Für den Kartoffel-Kerbel-Strudel Kartoffelstampf mit gezupftem Kerbel vermengen und in Strudelteig einwickeln, goldgelb ausbacken, dann tranchieren. Für die Pommes Parmentier (frittierte Kartoffelwürfel) rohe Kartoffeln in 5 mm große Würfel schneiden und heiß und kurz frittieren; mit Salz würzen.

Manche Düsseldorfer und Niederrheiner fahren im Urlaub nach Frankreich, lassen sich im Atlantik treiben oder von mediterraner Sonne bräunen. Andere bleiben zu Hause und genießen ihre Ferien bei einem Ausflug nach Meerbusch. Wo französischer gekocht wird als in vielen Restaurants zwischen Lille und Perpignan, so richtig nach Originalrezepten und mit Zutaten, die zu diesem Zweck auch aus dem Nachbarland importiert werden. Olivier Macé, seit vielen Jahren Inhaber und Küchenchef des Hauses Meer, ist schließlich waschechter Normanne, stolz auf die französische Kultur im Allgemeinen und die nordfranzösischen Rezepte im Besonderen.

Stolz auf seine Gäste ist Olivier Macé, der Haus Meer zusammen mit seiner Frau Christine führt, natürlich auch. Die müssen sich nämlich einlassen auf das, was der Chef ihnen zusammen mit seinem Team anrichtet – drinnen im hübsch dekorierten Gastraum oder draußen auf der Terrasse. Und sie lassen sich gern ein! Typischer französisch kann man nämlich kaum kochen als hier, und die Leidenschaft für die Normandie und ihre Rezepte kommt von Herzen. Frische Gillardeau-Austern werden zusammen mit Krevetten, Aioli und knusprigem Baguette angerichtet, die Bouillabaisse kommt mit reichlich Knoblauchsauce und als sättigende Portion, und hinterher kann man zwischen einem nach bretonischer Art zubereiteten Tiramisu und Crème brûlée wählen. Spezialität des Hauses aber sind trotz anderer Verlockungen die Gourmet-Flammkuchen. Olivier Macé belegt sie klassisch mit Zwiebeln und Speck oder kreativ mit frischen Birnen und dem würzigen Schafskäse namens Roquefort. Und wenn er dann noch einen französischen Crémant öffnen lässt, einen Sancerre empfiehlt oder gleich die Magnum vom legendären Chablis anschleppt, ist das Urlaubserlebnis in Meerbusch vervollständigt. Falls jemand doch mal Tipps braucht für die Reise in die Normandie, nach Granville oder in die Bucht des Mont Saint-Michel, bekommt er die besten Adressen für Restaurants, Hotels und Sehenswürdigkeiten selbstverständlich auch!

Bretonisches Tiramisu

Zutaten für 4 Personen

200 g Zucker, 1 EL Wasser, 200 cl Sahne
200 g salzige bretonische Butter
2 große reife Birnen
etwas brauner Zucker
4 cl Williamine (Birnenlikör)
200 g bretonische Buttergalettes

Mascarponecreme

250 g Mascarpone
1 Vanilleschote
100 ml geschlagene Sahne

Zubereitung

» Zucker und Wasser in einem Topf karamellisieren lassen. Sahne dazugießen und köcheln lassen. Stückweise die bretonische Butter einarbeiten. Dann kalt stellen.

» Für die Creme den Mascarpone mit dem Mark der Vanilleschote und der geschlagenen Sahne schaumig rühren.

» Reife Birnen in kleine Stücke schneiden und mit ein wenig braunem Zucker und Williamine beträufeln.

» Schichtweise Karamell, Birnenstücke, Mascarponecreme und zerkrümelte bretonische Buttergalettes in einem Dessertglas anordnen. Kalt stellen und am nächsten Tag servieren.

CHAMPAGNE
DRAPPIER
CARTE D'OR

Foie gras

Zutaten für 4 Personen

250 g Gänsestopfleber,
von den Nerven befreit
50 cl Sauternes
50 cl Portwein
40 g Salz
40 g Zucker
2 g Pfeffer
2 g Quatre Epices
(spezielle französische Gewürzmischung)

Zubereitung

» Alle Zutaten außer der Gänsestopfleber zu einer Marinade mischen, bis die Zuckerkristalle gelöst sind. Dann die Leber in Stücke schneiden und in die Marinade einmassieren, bis die Marinade dickflüssig wird. Über Nacht stehen lassen.

» Am nächsten Tag in eine Form geben und im Wasserbad im Ofen bei 130° C ca. 2 Stunden garen. Herausnehmen, sobald das Fett auf der Oberfläche sichtbar wird. Einen Tag im Kühlschrank durchziehen lassen, dann aus der Form nehmen, in Backpapier und luftdicht in Frischfolie einwickeln. Nach 4 Tagen in Kühlung servieren, mit einem lauwarmen, nassen Messer tranchieren.

» Dazu Butterbrioche, Quittengelee und Salat servieren.

An der Hückels May ging es nicht immer so friedlich zu wie jetzt. Doch es scheint genau der Gegensatz zwischen der bewegten Geschichte des Ortes und der idyllischen Stimmung im Restaurant, der die Gäste seit Jahren begeistert. Da wären zum einen die Schlachten, die hier im 17. und im 18. Jahrhundert tobten und in deren Verlauf um die Vorherrschaft am Niederrhein gestritten wurde. An sie erinnern ankommende Besucher jene imposanten Kanonen, die nach dem Gemetzel zwischen französischen und preußischen Truppen an Ort und Stelle verblieben. Zum anderen wäre da ein Gasthof, der seine Tradition immerhin auf das 19. Jahrhundert zurückführt, der sich als einer der bekanntesten gehobenen Gasthöfe zwischen Krefeld und Mönchengladbach in die Herzen der Gäste gekocht hat. Hauptverantwortlich für die Herzen und Mägen der Gäste sind gleich zwei Menschen. Der eine Niederrheiner mit Leib und Seele, der andere zugezogen, aber schon heimisch geworden. Till Reese leitet die Geschäfte des Hauses, Küchenchef Andrej Stepin sorgt dafür, dass die Mitarbeiter in der Küche zur Höchstform auflaufen. Der in St. Petersburg geborene Stepin hat seine Lehre im Hückels May absolviert, blieb nach Abschluss der Prüfungen gleich da, avancierte schließlich zum Chef de Cuisine. Kaum einer kennt seine Gäste und deren Wünsche also besser, weiß genau, dass die zahlreichen Events – in den Gasträumen ist Platz für bis zu 180 Personen, in die Festscheune passen 450 – aufmerksam betreut werden müssen, dass der Klassiker namens Offiziersteak nie von der Karte verschwinden darf, ohne Proteste auszulösen. Das Kalbsrückensteak mit Bärlauchkruste gibt die Richtung vor: In der Hückels May geht es ein bisschen niederrheinisch und ein wenig französisch zu. Und zur Höchstform läuft diese Genuss-Allianz am Sonntag auf. Frisch gebackene Waffeln verwandeln den urigen Gasthof in eine in sich ruhende Bastion des guten Geschmacks. Wo die Streitigkeiten und Schlachten der vergangenen Jahrhunderte ganz weit weg zu sein scheinen.

Tortellinisalat

mit getrockneten Tomaten, Sardellen und Pinienkernen

Zutaten für 4 Personen

400 g Mehl (Pastamehl),
ersatzweise 200 g Hartweizengrieß
und 200 g Weizenmehl
5 g Salz
2 Eier
100 ml Wasser
1 g Safran, gemahlen
250 g Ziegenfrischkäse
250 g Ricotta
150 g Pinienkerne, geröstet
250 g Tomaten, getrocknet,
in Öl, abgetropft
150 g Butter
150 g Parmesan
Salz und Pfeffer
80 g Sardellen
100 g Salat, Essig
und Öl zum Ausgarnieren

Zubereitung

» Aus Pastamehl, Eiern, Wasser, Salz und Safran einen geschmeidigen, nicht klebenden Teig kneten. Falls der Teig klebt, noch etwas Pastamehl unterkneten. Den Teig 30 Minuten in einer mit einem sauberen Küchentuch abgedeckten Schüssel ruhen lassen.

» Inzwischen die Füllung vorbereiten. Dazu die Pinienkerne ohne Öl rösten. Ricotta, Ziegenfrischkäse, die abgetropften getrockneten Tomaten und 60 g Pinienkerne mit einem Mixstab fein pürieren, mit Salz und Pfeffer abschmecken. Den Parmesan reiben und beiseite stellen.

» Den Nudelteig am besten mit einer Nudelmaschine zu nicht zu dünnen Platten ausrollen (Stärke 5 von 9). Mit einem Glas oder einem Nudelausstecher runde Formen ausstechen. Einen Teelöffel der Füllung in die Mitte der Ravioli setzen, zuklappen und die Ränder mit einer Gabel festdrücken. So fortfahren, bis der gesamte Teig und die gesamte Füllung aufgebraucht sind.

» Die gefüllten Nudeln auf ein mit Backpapier ausgelegtes und mit Pastamehl bestreutes Blech legen: So lösen sie sich nachher besser und kleben nicht. Wenn die Nudeln nicht direkt gekocht werden sollen, das Blech mit einem sauberen Küchentuch abdecken. Am besten schmecken die Nudeln aber ganz frisch zubereitet.

» Butter in einem Topf schmelzen lassen, warm halten, nicht bräunen. Wasser in einem großen Topf aufkochen. Wenn das Wasser kocht, die Nudeln hineingeben und die Temperatur herunterschalten. Das Wasser soll nur noch simmern, nicht mehr kochen, sonst gehen die Nudeln auf. Nudeln ca. 3-5 Minuten (je nach Größe) kochen. Sobald die Nudeln wieder an die Oberfläche kommen, sind sie gar.

Kalbsrücken

unter der Bärlauchkruste an Pommes Williams und sautierten Pfifferlingen

Zutaten für 4 Personen

4 Kalbsrückentranchen à 180g
Meersalz
Chili, Pfeffer

Bärlauchkruste

200 g frischer Bärlauch
80 g Butter
100 g Weißbrot ohne Rinde
Salz
geriebene Muskatnuss

Pommes Williams

800 g Kartoffeln (mehlig)
40 g Butter
2 Eigelb
Salz
geriebene Muskatnuss
70 g Paniermehl
2 Eier
1 Msp. Gewürznelkenpulver

sautierte Pfifferlinge

400 g Pfifferlinge
10 g Knoblauch, gewürfelt
40 g Schalotten
20 g Butter
Schnittlauch in Röllchen geschnitten
Salz, Pfeffer

Zubereitung

» Für die Pommes Williams die Kartoffeln schälen, kochen und ausdampfen lassen. Anschließend noch heiß durch eine Kartoffelpresse geben und die Masse dann mit Salz, Pfeffer, Muskatnuss und Eigelb verkneten. Sollte die Masse nicht binden, etwas Mehl dazugeben. Aus der Masse mit dem Spritzbeutel (ohne Tülle) Birnen (unten dicker, oben dünner) auf ein bemehltes Brett spritzen. Abkühlen lassen.

» In Mehl, Ei und Bröseln panieren und nachformen, oben ein Stück Gewürznelke als Stiel einsetzen, aufrecht stehend in den Frittierkorb stellen und rasch in heißem Fett bei 180° C goldgelb ausbacken.

» Bärlauch waschen, trocknen und sehr fein schneiden. Bärlauchpaste mit Weißbrotbröseln und Butter zu einer Masse verkneten, mit etwas Salz und Muskatnuss würzen.

» Pilze putzen und in Scheiben schneiden. Schalotten würfeln, Pilze in Butter braten, mit Salz und Pfeffer würzen, Knoblauch und Schnittlauchröllchen dazugeben.

» Kalbsrücken würzen, scharf anbraten, Bärlauchmasse auf dem Kalbsrückenstück verteilen und ca. 12 Minuten im Backofen bei 130° C backen.

» Alles zusammen anrichten.

Kräuter-
Ecke
Schnittlauch
Minze
Petersilie
Rosmarin
Thymian
Minze
ASAL
Salatpikant
mit Kräutern
Bio Salatpikant
CHIRON
Heimische Kräuter
100g
Mediterrane Kräuter
100g
Französische Würzmischung
Fruchtwerker
Erdbeer & Essig
250 ml
STEINKI

Zweimal im Jahr geht es besonders hoch her auf dem Benrader Obsthof. Wenn der erste Spargel, frisch gestochen, den Besuchern angeboten wird und wenn die Erdbeerzeit angebrochen ist. Michaela und Norbert Boekels sind dann an jedem Tag auf den Feldern und im Hofladen unterwegs, sortieren die Ernte, überprüfen die Spargelschälmaschine und beraten die Kunden, was sie mit den erworbenen Köstlichkeiten in der heimischen Küche anfangen können.

Der Benrader Obsthof ist eben ein bisschen mehr als lediglich ein landwirtschaftlicher Betrieb, der Obst aus dem Boden oder von den Bäumen holt. Seit mehr als einem halben Jahrhundert hat sich die Familie Boekels auf die besten Sorten spezialisiert und eine nicht mehr selbstverständliche Vielfalt aufgebaut. Mehr als 20 Apfelvarianten sind zu haben, von den frühreifen Sorten bis zu den säuerlichen spätreifenden, die nach der Ernte noch monatelang eingelagert werden können, ohne an Geschmack zu verlieren. Etwa zehn Sorten Birnen ergänzen das Angebot, von den unzähligen Beerenfrüchten gar nicht zu reden.

Doch es ist nicht nur die Produktion des eigenen Hofes, die Neugierige anlockt. Bei der Vermarktung waren die Boekels schon immer Vorreiter, boten schon niederrheinische Spezialitäten ab Hof an,

als kaum jemand diesen Weg des Verkaufs kannte und nutzte. Bald wurde in einen großen Laden und ausreichend Parkplätze investiert, im Laufe der Zeit konnte man engagierte Kollegen im näheren und weiteren Umkreis für eine Zusammenarbeit begeistern. Mit weit über 1000 Artikeln kann der Benrader Obsthof heute mit manchen Supermärkten konkurrieren, was die Vielfalt angeht, ist aber beim Thema Regionalität weit voran. Niederrheinische Salate, Karotten oder Tomaten werden ebenso vorrätig gehalten wie frisches Fleisch, Wurstspezialitäten und Bauernhofkäse. Hausgemachte Marmeladen und selbst gekelterter Apfelsaft sind ebenso beliebt wie das freitags angebotene ofenfrische Brot, wie die authentisch schmeckenden Kuchen der Prümtaler Mühlenbäckerei. Je nach Saison bieten die Boekels zum Wochenende Erdbeerkuchen, Pflaumenkuchen oder den weithin berühmten Benrader Apfelkuchen an.
Genau betrachtet gibt es keinen Grund, nicht wöchentlich zum Einkauf vorbeizukommen – und in der Erdbeer- und Spargelzeit vielleicht sogar ein zweites Mal!

Für die Golfer war immer gesorgt in der Elfrather Mühle, für die Feinschmecker ist es allerdings mittlerweile auch. Um genauer zu sein: Seit Katrin und Ingo M. Sperling die Gastronomie der Elfrather Mühle als Pächter übernommen haben. Inzwischen wurde am Rande von Krefeld kräftig investiert. Wenig erinnert noch an die alten Zeiten – und auch die ganz alten werden nun neu beleuchtet: Der Ausblick in die Balkenkonstruktion der alten Mühle gehört zu den Besonderheiten des Hauses. Die vielfältigen Räumlichkeiten für Veranstaltungen ebenfalls – kleine und große Gruppen können ihren Aperitif auf der Terrasse einnehmen und dürfen dann im stilvollen Rahmen des Kaminzimmers individuell genießen. Für die Zusammenstellung von Buffets und Menüs ist, wie für das Mühlenrestaurant, Küchenchef Dirk Wienen verantwortlich – ebenso erfahren in der Spitzengastronomie wie Ingo M. Sperling: der eine am Niederrhein, der andere in Berlin und New York.
Authentisch, bodenständig, ohne Fisimatenten: So könnte man den Stil der Küche beschreiben. Doch was Kotelett vom Eifelschwein mit gebratenen Pilzen oder Havelzander mit Meerrettich von Fisch- und Fleischgerichten anderer Lokale unterscheidet, ist die Finesse. „Wir nutzen alte Gemüsesorten und regionale Produkte“, sagt der Küchenchef, „und die Jäger bringen gern Wild bei uns vorbei.“ Oma Sperlings Sonntagsbraten gehört aber auch zum Repertoire, und die Golfer lieben ihre Currywurst auch deshalb, weil die Sauce hausgemacht ist und die „Fritten“ nicht aus der Tiefkühltruhe stammen.
Für die Gourmets, die sich mehr Zeit lassen wollen, ist neuerdings das Anno 1823 da. Eine Feinschmeckerstube mit wenigen Plätzen, gedacht für besondere Gelegenheiten, kulinarische Kreationen und herausragende Weine.
Ein Viognier vom Pfälzer Winzer Philipp Kuhn zu gebratenen Jakobsmuscheln mit Erbsenpüree oder ein Spätburgunder von Ahr-Winzer Meyer-Näkel zum Maibock im Tramezzino-Mantel: Dirk Wienens Küche und die Weinempfehlungen von Ingo M. Sperling lassen die Elfrather Mühle noch heller glänzen.

Maibock im Tramezzino-Mantel
mit Wirsingroulade und Pfifferlingen

Zutaten für 4 Personen

4 mal 160 g Maibockrücken
4 Scheiben Tramezzino-Brot
650 g Geflügelfarce
3 EL Butter
2 EL Nussöl
Salz
Pfeffer

Wirsingroulade

1 kleiner Kopf Wirsing
1 Schalotte
100 g geräucherter Speck
200 ml Sahne
Salz
Pfeffer
Muskatnuss

Pfifferlinge

400 g kleine Pfifferlinge, geputzt
1 Schalotte, gewürfelt
1 TL Butter
1 TL Olivenöl
1 EL Schnittlauchröllchen
Salz, Pfeffer

Sauce

1 kg Wildknochen
50 ml Öl
100 g Zwiebeln
150 g Karotten
100 g Sellerie
60 g Champignons
1 EL Tomatenmark
1 Thymianzweig
2 Lorbeerblätter
1 Nelke
1 TL weiße Pfefferkörner
6 Wacholderbeeren
600 ml kräftiger Rotwein
30 ml Orangensaft
1,5 l Wasser

Zubereitung

» Das Fleisch mit Salz und Pfeffer würzen. Anschließend in das mit Farce bestrichene Brot einwickeln und stramm zuerst in Klarsicht- und dann in Alufolie eindrehen. In kochendem Wasser 3 Minuten pochieren. Anschließend im Ofen bei 65° C ca. 30 Minuten gar ziehen lassen. Auspacken, in Butter und Nussöl mit einem Thymianzweig goldbraun nachbraten.

» Die äußeren Blätter des Wirsings entfernen. 4 große Blätter verwahren und den Rest in feine Streifen schneiden. In reichlich Salzwasser sowohl die Blätter als auch die feinen Streifen blanchieren und in Eiswasser abschrecken.

» In einem Topf Schalotten und geräucherten Speck farblos anschwitzen und mit der Sahne auffüllen. Flüssigkeit auf 1/3 reduzieren, passieren und mit dem geschnittenen Wirsing vermischen. Mit Salz, Pfeffer und Muskatnuss abschmecken, abkühlen lassen und die Wirsingblätter mit der Masse zu Rouladen formen.

» Für die Pfifferlinge in einer beschichteten Pfanne Butter und Olivenöl erhitzen, Pfifferlinge und Schalottenwürfel zugeben. Kurz durchschwenken, mit Salz und Pfeffer abschmecken, Schnittlauchröllchen zugeben.

» Für die Sauce Öl im Bräter erhitzen, die klein gehackten Knochen hinzufügen und im Ofen bei 220° C 20 Minuten rösten, gelegentlich rühren. Gemüse walnussgroß schneiden, 5 Minuten mitrösten. Gewürze und Tomatenmark 10 Minuten mit andünsten. Mit der Hälfte des Rotweins ablöschen und einreduzieren. Noch mal mit dem restlichen Rotwein sowie dem Orangensaft ablöschen und einkochen lassen. Wasser aufgießen, auf dem Herd aufkochen, leicht salzen, abschäumen und bei kleiner Hitze 1,5 Stunden köcheln lassen. Mehrmals abschäumen und entfetten. Die Sauce durch ein Sieb passieren und auf die gewünschte Konsistenz einkochen.

» Fleisch diagonal halbieren und auf dem Teller in die Mitte platzieren. Wirsingroulade neben das Fleisch setzen, die Pfifferlinge verteilen und die Sauce angießen.

Gebratene Jacobsmuscheln

mit Erbsenpüree, Limettengelee, Fischschaum und Chorizo-Öl

Zubereitung

» Jakobsmuscheln mit Salz, Pfeffer und Koriander würzen und in einer heißen beschichteten Pfanne mit Olivenöl und Vanilleschote ca. 1 ½ Minuten von jeder Seite glasig garen.

» Für das Erbsenpüree Schalotten in einer kleinen Sauteuse mit der Butter glasig dünsten. Erbsen zugeben, mitschwitzen und mit Noilly Prat ablöschen. Mit dem Geflügelfond auffüllen und die Erbsen weich dünsten. Abschmecken, pürieren und passieren.

» Für das Chorizo-Öl die Chorizo klein schneiden, in einen Topf geben und mit dem Öl auffüllen. Auf ca. 80° C erhitzen und ca. 1 Stunde lang ziehen lassen, danach absieben. Fischfond mit Schalottenwürfeln, Pfefferkörnern und Sternanis auf die Hälfte reduzieren. Mit Noilly Prat und Weißwein auffüllen, nochmals auf die Hälfte reduzieren. Passieren, Sahne zugeben und wieder auf die Hälfte reduzieren. Mit der kalten Butter montieren und mit Salz und Koriander abschmecken.

» Für das Gelee Limettensaft, Läuterzucker und Agar-Agar aufkochen, eingeweichte Gelatine zugeben und in eine mit Klarsichtfolie ausgelegte Form füllen. 12 Stunden kalt stellen, danach in Würfel schneiden.

» Jakobsmuscheln auf einem Bett von Kaiserschoten anrichten. Daneben eine Nocke von Erbsenpüree setzen und mit dem Löffel verziehen. Fischschaum mit dem Pürierstab aufschäumen, auf dem Teller verteilen. Limettengeleewürfel und Chorizo-Öl zufügen, mit Erbsenkresse dekorieren.

Zutaten für 4 Personen

Jakobsmuscheln

8 Jakobsmuscheln
½ Vanilleschote, getrocknet
2 EL Olivenöl, Salz
weißer Pfeffer aus der Mühle
Koriander aus der Mühle

Erbsenpüree

2 Schalotten
30 g Butter
300 g geputzte Erbsen
40 ml Noilly Prat (trockener Wermut)
100 ml Geflügelfond, Salz
weißer Pfeffer aus der Mühle
Muskat, Zucker

Chorizo-Öl

150 g Chorizo
100 ml gutes Sonnenblumenöl

Fischschaum

200 ml Weißwein
200 ml Fischfond
100 ml Noilly Prat (trockener Wermut)
200 ml Sahne, 1 Sternanis
10 weiße Pfefferkörner
5 Schalotten, gewürfelt
100 g kalte Butter, Salz, Koriander

Limettengelee

100 ml Limettensaft
100 g Läuterzucker
6 g Agar-Agar
½ Blatt Gelatine

außerdem

Kaiserschoten als Beilage
Erbsenkresse

Peter Hribar hat seine österreichische Herkunft nicht vergessen, weiß auch nach vielen Jahren am Niederrhein um die Klasse der Burgenländer Weine, der Wachauer Marillen und des steirischen Kürbiskernöls. Nur zu gern unternimmt der Patron des Restaurants Landhaus Fischerheim den Versuch, die Traditionen der Gegend zwischen Rhein und Maas und jene Österreichs miteinander zu verbinden. Funktioniert ausgezeichnet, wenn das berühmte Paniermehl aus Österreich und Kalbfleisch vom Niederrhein zusammenfinden, wenn Kärtner Rezepte mit hiesigem Gemüse zubereitet wird.
Es ist genau diese bodenständige Kreativität, die Peter Hribar einen stetig wachsenden Kreis von Stammgästen beschert hat – und viele schwören, dass man hier auf Sterneniveau esse. Sie alle kommen in das ehemalige Fischerheim am Rande von Krefeld, wo heute nicht mehr bloß gebratene Forellen serviert werden, sondern durchdachte, von der Vorspeise bis zum Dessert spannende Teller. Und wenn man sich den Werdegang von Peter Hribar anschaut, werden die erstaunlichen Leistungen verständlich: Der gebürtige Kärtner war schon mit 21 jüngster Küchenchef Österreichs, fuhr jahrelang als Chefpatissier auf Kreuzfahrtschiffen zur See, gewann zahlreiche Auszeichnungen. Dass er nicht mehr in den Alpen, sondern am Niederrhein zu Form aufläuft, wo das Restaurant zum Seriensieger des Niederrheinmenüs 2013/ 2014 gekürt wurde, ist nicht nur der zauberhaften Landschaft, sondern auch seiner Frau Evelyn zu verdanken. Die gelernte Köchin und erfahrene Restaurantleiterin kümmert sich heute um die Gäste des Fischerheims, erklärt die Speisekarte, empfiehlt die zu einem Großteil aus Österreich stammenden Weine. Was zu einem bei Niedertemperatur gegarten Iberico-Schweinefilet passt, weiß die Chefin genau, und dass man selbst zu einer originellen Vorspeise wie der Entenleber-Terrine mit Coca-Cola, Marzipan und Kernöl das perfekte Glas Süßwein reichen kann, steht außer Frage. Für ein so gut ausgebildetes und dermaßen motiviertes Team ist dies noch die leichteste Herausforderung!

Terrine von der Entenstopfleber
mit Cola-Gelee, Marzipan und Kernöl

Zutaten für 4 Personen

Stopfleberterrine

300 g Gänsestopfleber
30 ml Süßwein (Klosterneuburg, Niederösterreich)
20 ml Cognac
20 ml Portwein
2 ml Pernod
1 TL Pökelsalz
1 TL Zucker
6 g Salz
weißer Pfeffer

Colagelee

200 ml Cola
(am besten Coca-Cola)
0,5 g Agar-Agar
2 Blatt Gelatine

Marzipan-Macadamia-Creme

150 g geröstete Macadamianüsse
50 g Marzipan
2 EL Haselnussöl
20 ml Amaretto
80 ml Birnensaft
1 g Salz, 3 g Zucker

Kernöl-Biskuit

250 g Eiweiß
100 g Eigelb
160 g Überzuckere
40 g Mehl 700 (Österreich glatt)
12 g Kernöl

Zubereitung

» Die Stopfleber von allen Sehnen und Adern befreien. In kleine Stücke schneiden. Alle Abschnitte durch feines Sieb streichen. Stopfleber mit Süßwein, Portwein, Cognac, Zucker, Salz und Pfeffer vermischen und mindestens 12 Stunden marinieren. Die Masse in eine Form geben und gut mit Frischhaltefolie einwickeln. Bei 65° C 30 Minuten im Kombidämpfer garen und anschließend kaltstellen.

» Cola mit Agar-Agar 1 Minute kochen lassen. Die Gelatine darin auflösen. 2 mm dick auf einem glatten Blech ausgießen und kaltstellen.

» Alle Zutaten für die Creme im Thermomix zu einer feinen Paste verarbeiten.

» Für den Biskuit alle Zutaten verrühren und durch ein Haarsieb streichen, danach in einen ½-Liter-Sahnebcy füllen und mit 2 Sahnekapseln auffüllen. 1 Stunde in den Kühlschrank stellen, in eine Silikonform sprühen und in der Mikrowelle ca. 55 Sekunden backen.

Gekühlte Topfenpalatschinken

mit Himbeer-Thymian-Sülzchen und Himbeermousse

Zubereitung

» Den Teig nach Möglichkeit einige Stunden im Voraus zubereiten. In einer Rührschüssel das Mehl, die Eier, den Vanillezucker, eine Prise Salz und die Milch verrühren. Es sollte ein glatter Teig entstehen. Die geschmolzene Butter und den Rum unterrühren. Ruhen lassen. Palatschinken (Crêpes) ausbacken und zur Seite stellen.

» Den Quark mit dem Saft und dem Abrieb von Limette, Orange und Zitrone sowie dem ausgekratzten Mark der Vanilleschote und dem Zucker glatt rühren. Die Gelatine in kaltem Wasser einweichen und auf kleiner Flamme auflösen. Die Gelatine unter den Quark rühren, etwas abkühlen lassen und die geschlagene Sahne vorsichtig unterheben.

» Die Palatschinken auf Frischhaltefolie geben und mit der Quarkmasse bestreichen. Zusammenrollen und kalt stellen.

» Für die Sülzchen Himbeeren mit Zweigelt, Himbeergeist und Zucker mixen. Durch ein feines Haarsieb streichen und mit Thymianzweig und Geleepulver aufkochen, etwas ziehen lassen, den Thymianzweig entfernen und alles in eine Form geben. Kalt stellen.

» Für die Mousse die Himbeeren aufkochen und durch ein Sieb streichen. (Die Menge sollte 250 g ergeben.) Die Gelatine einweichen und ausdrücken. Den Zitronensaft und die Gelatine in das heiße Himbeerpüree geben, etwas auskühlen lassen, Joghurt und Puderzucker dazugeben und mit dem Himbeergeist abschmecken.

» Sobald die Masse zu gelieren beginnt, die geschlagene Sahne unterheben. Kalt stellen.

Zutaten für 4 Personen

Topfenpalatschinken

125 g Mehl
2 Eier
¼ Liter Milch
etwas Vanillemark
1 Prise Salz
25 g Butter
1 EL Rum

Topfenfüllung

200 g Quark, max. 20 % Fett
Saft und Abrieb von je 1 Limette,
1 Zitrone und ½ Orange
80 g Zucker
4 Blatt Gelatine
100 g geschlagenen Sahne, 33% Fettanteil
Mark von 1 Vanilleschote

Himbeer-Thymian-Sülzchen

250 g Himbeermark
80 g Zucker
50 ml Zweigelt (österreichischer Rotwein)
2 cl Himbeergeist (Hochstrasser, Weststeiermark)
15 g Tortengeleepulver (Haas, Österreich)
oder 4 Blatt Gelatine, eingeweicht und aufgelöst
1 Zweig Zitronenthymian

Himbeermousse

400 g Himbeeren
3 Blatt Gelatine, große
Saft von ½ Zitrone
8 cl Himbeergeist
250 g Joghurt
50 g Puderzucker
250 g Sahne, geschlagen

Beste Milch produzieren, unter tatkräftiger Mithilfe der Kühe, viele Bauern am Niederrhein. Doch eigenen Käse erzeugen nur wenige – und kaum jemand verfolgt die Umwandlung von flüssigen in feste Delikatessen so konsequent wie Anne und Andreas Straetmans. „Wir wollten damals einfach nicht den üblichen Vermarktungsweg gehen", sagt Anne Straetmans, „sondern direkt mit den Kunden in Kontakt kommen." Was in den letzten 18 Jahren ausgezeichnet geklappt hat, denn die Adresse begann sich herumzusprechen. Das Käsemacherpaar aus Kerken empfängt heute auf seinem Hof längst nicht nur Kunden, die sich mit dem Vorrat fürs Wochenende eindecken, sondern auch Prominente, die sich über einen der innovativsten Betriebe der Region informieren wollen. Egal ob berühmt oder nicht: Hofbesichtigungen können immer vereinbart werden, eine Käseprobe ist bei solchen Visiten eingeschlossen.

Im Laufe der Jahre haben die Straetmans ihr Angebot deutlich ausgebaut. Nicht mehr nur der eigene Hof dient als Verkaufsstelle, auch mehrere Bauernmärkte der Umgebung werden regelmäßig bestückt. Und aus den zwei, drei Sorten, die ganz am Anfang angeboten wurden, ist inzwischen ein großes Repertoire geworden. Bis zu 18 Sorten Käse werden auf dem Hof hergestellt, stets aus der Milch von eigenen Kühen. Junger Bauernkäse hat ebenso seine Liebhaber wie die mehrere Monate lang gereifte Variante – und wer es besonders würzig mag, kann den auch schon mal ein Jahr und darüber hinaus gelagerten alten Bauernkäse verkosten. Wenn Bockshornkleesamen oder Tomaten, Olivenwürfel oder Zwiebeln zum richtigen Zeitpunkt der Käsemasse zugefügt werden, nehmen die Laibe ein

Bergkäse
Lipper
Bergkäse
Bierkäse
Junger
Bauernkäse
Straetmanshof

unvergleichbares Aroma an – jedenfalls dann, wenn sie fachgerecht gewaschen und gewendet sowie bei den idealen Temperaturen gelagert wurden. Ziegenkäseprodukte stammen von einem befreundeten Bauernhof, und in Zukunft soll das Angebot von anderen Käse-Produzenten noch ausgeweitet werden.
Und weil zum richtigen Käse auch das perfekte Brot gehört, haben Anne und Andreas Straetmans irgendwann mit dem Backen angefangen. Wie bei der Käseherstellung, so werden auch bei der Teigproduktion strenge Qualitätskriterien angewendet: Backmischungen sind tabu, die Laibe werden per Hand geknetet und mit verschiedenen Mehlen und Körnern variiert. Während Bauernschwarzbrot, Mandel- oder Roggenbrot täglich angeboten werden, muss man für den Einkauf von Stütchen und Brötchen bis samstags warten. Machen die Stammkunden allerdings gern – weil sie genau wissen, dass auch die passenden Fruchtaufstriche und Würste, dass Joghurt, Bauernhofquark und frische Landbutter verfügbar sind. Es muss ja nicht immer Käse aufs Brot sein!

Chili käse 100g 1,39€
Senf käse 100g 1,39€
Olive-Tomate 100g 1,39€
Brennessel 100g 1,39€
Berg käse 100g 1,99€
Zwiebel-Schnittlauch 100g 1,39€
Schapziger-Klee 100g 1,39€
Dingdener Heidemilch 100g 2,30€

Mit schönen, stilvollen Arbeitsplätzen hatte es Wolfgang Labudda schon immer. Der Küchenchef von Wellings Parkhotel ist weit herumgekommen in Europa, kochte schon in der Schweiz oder im Rafael in München, schaute im berühmten Romantik Hotel Fürstenhof in die Töpfe – und hatte nichts anderes im Sinn, als diese eindrucksvolle Reihe fortzusetzen. Der geprüfte Küchenmeister trat 2009 seine neue Herausforderung als Chef der kulinarischen Abteilung im Kamp-Lintforter Parkhotel an, blieb bis heute und denkt angesichts der Rahmenbedingungen auch nicht daran, sich eine neue Aufgabe zu suchen.

Die Lehr- und Wanderjahre des Küchenchefs merkt man der Speisekarte durchaus an, auch wenn das Restaurant alles andere als internationale Beliebigkeit anbietet. Ziel ist es nämlich, eine frische, deutsche Küche zu verwirklichen, eine, die moderne Ausrichtung mit dem Willen zu regionalen Produkten verbindet. „Wir verwenden sehr gern unsere eigenen Äpfel“, sagt Wolfgang Labudda, „und bereiten sie auf eine etwas andere Weise zu.“ Vielleicht mit französischem Rosmarin und bester französischer Valrhona-Schokolade, ergänzt um hausgemachtes, mit Tonkabohnen aromatisiertes Eis. Ein Team von mittlerweile acht Köchen und Auszubildenden unterstützt den Chefkoch dabei, immer neue Quellen für Köstlichkeiten ausfindig zu machen und immer spannendere Rezepturen zu kreieren – ohne dabei die Bodenhaftung zu verlieren.

Auch wenn für Wolfgang Labudda nichts dagegenspricht, Edelfische und Rinderfilet zu servieren, haben die ursprünglichen Delikatessen des Niederrheins mindestens ebensoviel Bedeutung. Schweinebäckchen oder hausgemachte Rinderroulade, Strudel von niederrheinischem Ziegenkäse oder ein Apfel-Zwieback-Auflauf: So manchem Gast kommen beim Genuss der Welling-Speisen Kindheitserinnerungen in den Sinn. Beim Wein allerdings geht es deutlich ambitionierter zu als in den allermeisten Elternhäusern. Fast 200 rote und weiße Sorten aus Deutschland, Frankreich und anderen Ländern der Weinwelt stehen zur Bestellung bereit, werden kompetent erläutert und auf Wunsch um die passenden Speiseempfehlungen von Wolfgang Labudda ergänzt.

Schokolade-Ingwer-Mousse

und Kompott von unseren Hofäpfeln, dazu Cremeeis von der Tonkabohne

Zutaten für 4 Personen

Schokolade-Ingwer-Mousse

- 200 g Valrhona-Kuvertüre
- 100 g Zartbitterkuvertüre
- 50 g Zartbitterkuvertüre für die Form
- 2 Eier
- 2 Eigelb
- 4 cl Weinbrand
- 2 cl Crème de Cacao
- 5 g frisch geriebener Ingwer
- 600 ml geschlagene Sahne
- 8 Stück Dekorfolie 5 x 15 cm

karamellisierte Rosmarinäpfel

- 120 g Zucker
- 100 ml Apfelsaft
- 8 Äpfel
- 1 kleiner Zweig Rosmarin
- Stärke

Tonkabohneneis

- 250 g Zucker
- 240 g Eigelb
- 1 l Sahne
- 6 Tonkabohnen, fein gerieben
- ½ Vanilleschote

Zubereitung

» Die geschmolzene Kuvertüre auf die Dekorfolie dünn aufstreichen, in Tropfenform legen und am Rand mit einer Büroklammer befestigen. Kalt stellen. Für die Mousse Eier und Eigelb über dem Wasserbad schaumig rühren. Die geschmolzene Kuvertüre mit der Schaummasse vermengen, den Ingwer, sowie den Alkohol dazugeben. Das Ganze dann etwas abkühlen lassen und die halbfest geschlagene Sahne unterheben.

» Die angezogene Mousse in die „hart" gewordenen Schokoladen-Tropfen-Formen füllen.

» Die Äpfel schälen und in Würfel schneiden. Den Zucker im Topf karamellisieren und mit Apfelsaft ablöschen. Wenn der Karamell glatt gekocht ist, mit etwas angerührter Stärke dickflüssig abbinden. Nun die Apfelwürfel zugeben und vom Ofen nehmen. Erst kurz vor dem Anrichten den fein geschnittenen Rosmarin dazugeben.

» Sahne, Vanille und Tonkabohnen aufkochen und mindestens eine Stunde ziehen lassen. Danach durch ein feines Sieb passieren. Eigelb und Zucker schaumig schlagen und die Sahne dazugeben. In der Eismaschine frieren lassen. Mit dem Kompott einen Strich in der Mitte des Tellers ziehen; rechts oben die Mousse platzieren und unten links eine Kugel Eis.

Geschmorte Bäckchen und rosa gebratenes Filet

vom Weiderind mit Wirsinggemüse und Kartoffelstampf

Zutaten für 4 Personen

geschmorte Ochsenbäckchen

500 g Ochsenbacken, geputzt
1 Karotte
½ Lauchstange
2 Zwiebeln
1 l Rotwein
½ l Portwein
2 l Rinderbrühe
Tomatenmark
Schalotten
Lorbeer
Pfefferkörner
Salz, Zucker

gebratenes Rinderfilet

400 g Rinderflet (küchenfertig)
Salz, Pfeffer
frischer Thymian und Rosmarin
Butterschmalz

Wirsinggemüse

1 kleiner Kopf Wirsing
1 Zwiebel
½ l Sahne
Butter
Salz, Pfeffer, Muskatnuss

Kartoffelstampf

400 g mehlig kochende Kartoffeln
100 ml Milch
100 ml Sahne
50 g Butter
Salz, Pfeffer aus der Mühle
Muskatnuss

Zubereitung

» Die Ochsenbäckchen würzen und von beiden Seiten scharf anbraten. Möhren, Lauch, Zwiebeln schälen und in grobe Würfel schneiden. In derselben Pfanne anbraten. Etwas Tomatenmark dazugeben, leicht rösten. Dann mit Rotwein und Fleischbrühe ablöschen. Die Ochsenbacken hineinlegen, Gewürze hinzufügen und ca. 50 Minuten leicht köcheln lassen. Nun die Schalotten schälen, in kleine Würfel schneiden, in einem separaten Topf leicht anschwitzen, mit dem Portwein ablöschen und auf die Hälfte reduzieren.

» Das Rinderfilet würzen, von allen Seiten kurz anbraten und auf ein mit Kräutern und Meersalz belegtes Blech geben. Bei 160° C ca. 10 Minuten in den Ofen schieben und dann warm stellen.

» Für das Wirsinggemüse den Wirsing vierteln, Strunk entfernen und in feine Streifen schneiden. Die Zwiebel schälen, in kleine Würfel schneiden und in Butter glasig anschwitzen. Den Wirsing dazugeben, mit der Sahne auffüllen und abschmecken. Den Wirsing nun solange köcheln lassen, bis er gar ist, eventuell mit etwas Stärke abbinden.

» Die geschälten Kartoffeln in gleich große Stücke schneiden und im Salzwasser weich kochen. Die gekochten Kartoffeln durch eine Presse drücken. Milch und Sahne aufkochen und in die Kartoffelmasse gießen. Glattrühren und das Püree mit Butter verfeinern. Mit Salz, Pfeffer und Muskat abschmecken.

» Das Wirsinggemüse wird in die Mitte des Tellers platziert. Das Kartoffelpüree mit Hilfe eines Dressiersackes sternenförmig aufspritzen. Die Ochsenbäckchen in Scheiben schneiden und zwischen das Püree legen, mit Rotweinsauce nappieren. Das Rinderfilet mittig auf den Wirsing setzen.

Eigentlich muss man nur das Wort Feltgenhof sagen, um den Moersern ein Lächeln zu entlocken. Der Ende des 19. Jahrhunderts erbaute Bauernhof besaß schon lange eine angeschlossene Gastwirtschaft, schenkte Bier und Schnaps aus, verwöhnte einst mit deftiger Küche. Seinen Charakter als gastlicher Ort verlor er nie, baute ihn in den letzten Jahren sogar noch aus. Zu verdanken ist dies Serviceleiter Michael Philipps und Küchenchefin Gabriele Paßen. Mit vereinten Kräften haben sie es geschafft, den Namen Feltgenhof zum Synonym für anspruchsvolle, aber nicht abgehobenen Küche zu machen – serviert im Gastraum oder im Innenhof, ländlich geprägt und im besten Sinne niederrheinisch. Gabriele Paßen, unweit des Restaurants geboren und aufgewachsen, weiß genau, wo die schmackhaftesten Kartoffeln, der feinste Spargel, die besten Steinpilze aufzutreiben sind. Doch was sie aus all den Zutaten macht, hat trotz vieler regionaler Produkte wenig mit der Küche niederrheinischer Großmütter, sondern alles mit eigener Kreativität zu tun, mit einem Sinn fürs Machbare, einem Näschen für die Balance auf dem Teller. Wenn im Feltgenhof Steinpilze, Haselnüsse und Brunnenkresse kombiniert werden, klingt das nicht nur faszinierend, sondern macht auch geschmacklich Sinn und begeistert nicht nur Vegetarier. Doch es muss nicht immer Niederrhein sein, denn Gabriele Paßen schwärmt auch für die Küchen Asiens oder des Mittelmeerraumes, lässt sich gern von der Fleischqualität des Omaha Prime Beef (aus den USA) überzeugen, lässt ein Kalbsschnitzel nach österreichischer Manier mit Kartoffel-Gurken-Salat und steirischem Kürbiskernöl servieren. Und was die Süßigkeiten angeht: Wer sein Mahl nicht wenigstens mit einer hausgemachten Crème brûlée abschließt, hat eine Menge falsch gemacht. Solche Kreativität, vermischt mit klassischer Ausbildung, ist übrigens nicht nur den Gästen Lob wert, sondern auch den Restaurantführern: Varta und Guide Michelin loben seit Jahren die für viele Moerser unbestrittene Nummer eins der hiesigen Restaurants.

Brunnenkresse-Panna-cotta

mit Steinpilz-Haselnuss-Tatar

Zutaten für 4 Personen (4 Gläser à ca. 150 ml)

300 ml Sahne
150 g Brunnenkresse
Salz & Pfeffer aus der Mühle
1 Prise Zucker
abgeriebene Schale & Saft von ½ Zitrone (möglichst unbehandelt)
200 g Crème fraîche
2 Blatt Gelatine (in kaltem Wasser eingeweicht)

Steinpilz-Haselnuss-Tatar

400 g Steinpilze, geputzt & fein gewürfelt (auch andere feste Pilzsorten sind möglich)
2 EL Olivenöl
1 Bund Schnittlauch, fein geschnitten
abgeriebene Schale & Saft von einer ½ Zitrone
3 EL geröstete & gehackte Haselnüsse
2 EL Haselnussöl
1 EL Ahornsirup
Salz & Pfeffer aus der Mühle

Zubereitung

» Die Sahne erhitzen, würzen und mit der Brunnenkresse 5 Minuten ziehen lassen. Zitronensaft sowie Abrieb und Crème fraîche zufügen und mit dem Mixstab fein pürieren. Durch ein feines Sieb streichen, die Gelatine darin auflösen. Abschmecken, in kleine Gläser füllen in den Kühlschrank stellen.

» Für das Pilztatar Olivenöl erhitzen, die Steinpilzwürfel darin anschwitzen, mit Salz und Pfeffer aus der Mühle würzen. Abrieb und Saft der Zitrone, Haselnussöl und Ahornsirup hinzugeben, abschmecken und auskühlen lassen. Schnittlauch und Haselnüsse dazugeben.

Kabeljau

in Rote Bete gegart, dreierlei Pürees und Rote-Bete-Reduktion

Zutaten für 4 Personen

4 Tranchen à 200 g Kabeljaufilet
400 ml Rote-Bete-Saft
1 Spritzer Balsamico bianco
Meersalz, Pfeffer aus der Mühle

Sellerie-Erbsen-Karottenpüree

ca. 400 g Karotten, geschält und gewürfelt
1 Zwiebel, gewürfelt
etwas Gemüsebrühe
Salz, Pfeffer, Zucker
50 g Butter
400 g Tiefkühlerbsen
1 Zwiebel, gewürfelt
etwas Gemüsebrühe
Salz, Pfeffer, Zucker
50 g Butter
400 g Sellerie, geschält und gewürfelt
1 Zwiebel
100-150 ml Sahne
Salz, Pfeffer, Muskatnuss
50 g Butter

Zubereitung

» Fisch, Rote-Bete-Saft, Balsamico und Meersalz in einen Vakuumbeutel geben, voll vakuumieren und in den Kühlschrank geben. Einen Tag marinieren lassen. Den Beutel bei 58° C ca. 25 Minuten im Wasserbad ziehen lassen. Nach dem Garen vorsichtig aus dem Kochbeutel nehmen.

» Zwiebeln in Butter farblos anschwitzen mit Brühe ablöschen. Die aufgetauten Erbsen hinein geben kurz gar kochen. Pürieren, würzen und die Butter unterziehen.

» Für das Karottenpüree Zwiebelwürfel farblos andünsten, Karotten, Gemüsebrühe und Gewürze zufügen und köcheln lassen, bis sie weich sind. Pürieren, abschmecken und die Butter unterziehen.

» Für das Selleriepüree die Zwiebeln farblos andünsten, Selleriewürfel dazugeben und köcheln lassen, bis sie weich sind. Pürieren, abschmecken und die Butter unterziehen.

» Für die Rote-Bete-Reduktion den Rote-Bete-Saft der Marinade einkochen, bis er dickflüssig wird, mit Salz und Pfeffer aus der Mühle abschmecken.

Viele Restaurants geben sich das Attribut romantisch, aber nur wenige füllen den Begriff wirklich mit Inhalt. Bei Wellings Romantik Hotel zur Linde dagegen kann wohl niemand bezweifeln, dass es sich um ein ebenso stilvolles wie authentisches Haus handelt.
Um eines mit mehr als 200 Jahren Tradition und um eines, das aufgrund seiner besonderen Bauweise unter Denkmalschutz steht.
Um die zum romantischen Ambiente passende Küche kümmert sich Peter Waldmann, einer der erfahrensten Köche am Niederrhein. Einer, ohne den die Linde kaum zu denken wäre und der auch jene Gäste mit Neuem zu begeistern weiß, die schon seit Jahrzehnten regelmäßig zum Essen kommen. Peter Waldmann, ein Wahl-Moerser seit Ewigkeiten, ist seit Eröffnung des Hotels zur Linde 1984 Küchenchef, ist verantwortlich für zwölf Köche und Auszubildende, die täglich alles daran setzen, ihre Gäste zu begeistern. Saisonal geht es zu im Restaurant, bodenständig, aber gleichzeitig kreativ. Eine Gratwanderung, denn wenn Zwetschgen nicht wie üblich als Kompott oder Kuchen serviert werden, sondern vielleicht als Terrine mit Walnüssen, ist schon mal eine Erklärung vonnöten. Und wenn zum rosa gebratenen Lamm Portweinfeigen und Borlotti-Bohnen gereicht werden, muss man hin und wieder auch den Hinweis mit servieren, warum genau diese Beilage verwendet wurde. Ein Besuch in der Linde wäre übrigens unvollständig, ohne nicht wenigstens einmal die eigenen Hofbirnen oder -äpfel verkostet zu haben. Der Name Welling steht schließlich auch für Produkte aus frischen niederrheinischen Früchten – und die kann man im Romantik Hotel entweder trinken (als Apfelsaft oder Apfelsecco) oder essen. Zwischendurch als Geeistes von Hofbirnen oder danach als Apfelbonbon mit Zwetschgenkompott. Viele Gäste warten Jahr für Jahr den Oktober ab, denn dann sorgt Peter Waldmann für frisch ausgebackene Reibekuchen, zu denen man zwar auch Heringsstipp oder Räucherlachs verzehren kann, zu denen aber kaum ein Gast auf selbst gekochtes Kompott von niederrheinischen Äpfeln verzichten mag.

Rücken vom Damhirsch

mit Brombeeren in Brandy-Schokoladen-Sauce, frischen Steinpilzen und Kartoffel-Sellerie-Stampf

Zutaten für 4 Personen

Kartoffel-Sellerie-Stampf

500 g mehlig kochende Kartoffeln
300 g Sellerie
100 ml Milch
50 ml Schlagsahne
100 g Butter
Salz, Pfeffer, Muskat

Damhirschrücken

800 g parierter Damhirschrücken (Sehnenabschnitte aufbewahren)
8 Thymianzweige
80 g Butterschmalz
Salz, Pfeffer

Brandy-Schokoladen-Sauce

Sehnenabschnitte
1 EL Koriandersamen
2-3 Schalotten
100 ml Brandy
200 ml Portwein
500 ml Wildfond
1-2 EL Brombeergelee
50 g Zartbitterschokolade
10 g Nougat
250 g Brombeeren
Salz, Pfeffer

Steinpilze

700 g Steinpilze
2 Rosmarinzweige
Butterschmalz

Zubereitung

» Kartoffeln und Sellerie schälen, waschen, in grobe Würfel schneiden und in einem Topf mit Salzwasser 20 Minuten weich kochen. Abgießen und ausdampfen lassen.

» Zwischenzeitlich Milch, Butter und Schlagsahne erwärmen, Kartoffeln und Sellerie durch eine Presse drücken und unter die Flüssigkeit heben.

» Das Püree mit Salz, Pfeffer und Muskat abschmecken.

» Für den Damhirschrücken das Fleisch von allen Seiten mit Salz und Pfeffer würzen. Butterschmalz in einer Pfanne erhitzen, Hirschrücken darin rundherum anbraten. Anschließend mit Thymianblättern bestreuen, auf ein Backblech geben und bei 110° C Umluft 15 bis 18 Minuten garen.

» Fleisch aus dem Ofen nehmen und in Alufolie gewickelt ca. 5 Minuten ruhen lassen.

» Fleisch aus der Folie nehmen und in fingerdicke Scheiben schneiden. Wer es gerne rosa mag, reduziert die Backofentemperatur auf 80° C. Dann kann man das Fleisch auch ruhig bis zu 60 Minuten im Ofen lassen.

» Für die Brandy-Schokoladen-Sauce die Sehnenabschnitte mit Koriandersamen und Schalotten in der noch heißen Pfanne ca. 1 Minute anbraten, mit dem Brandy ablöschen und die Flüssigkeit um die Hälfte reduzieren lassen. Portwein, Wildfond und Brombeergelee hinzufügen und ca. 5 Minuten sanft einkochen lassen. Schokolade und Nougat dazugeben und schmelzen lassen. Die Sauce durch ein feines Sieb in einen Topf passieren, Brombeeren dazugeben, mit Salz und Pfeffer würzen und warm stellen.

» Für die Steinpilze das Butterschmalz in einer Pfanne erhitzen, die geputzten Steinpilze goldbraun anbraten und mit Rosmarin, Salz und Pfeffer würzen.

Zutaten für 4 Personen

Zwetschgenterrine

750 g frische Zwetschgen
2 Bio-Orangen
50 g Zucker
4 Blatt Gelatine
30 g Walnusskerne
20 g Pistazienkerne
20 g Pinienkerne
200 g Rohmarzipan
50 ml Zwetschgenwasser
30 g Puderzucker
(und Puderzucker für die Arbeitsfläche)
20 ml Armagnac

Glühmost

1 l Apfelsaft, trüb
abgeriebene Schale und Saft von 1 Bio-Zitrone
abgeriebene Schale und Saft von 1 Bio-Orange
3 Nelken
1 Sternanis
1 Zimtstange
1 Stück Ingwer, ca. 2 bis 3 cm

Variation von der Zwetschge

Zwetschgenterrine im Marzipanmantel und Zwetschgen-Sauerrahm-Eis

Zwetschgen-Sauerrahm-Eis

250 g Zwetschgen
100 g Zucker
150 ml Zwetschgensaft
¼ Zimtstange
½ Vanilleschote
1 EL Zwetschgenwasser
1 EL Armagnac
75 ml Sahne
25 g Glukose
250 g Sauerrahm
abgeriebene Schale und Saft von 1 Bio-Zitrone

Zubereitung

» Die Zwetschgen waschen und entsteinen. Die Orangen heiß waschen, abtrocknen, die Schale fein abreiben, anschließend die Orangen schälen und filetieren. Dabei den Saft der Orangen auffangen. Zwetschgen mit Orangensaft und Zucker in einen Topf geben und köcheln lassen, bis die Masse auf die Hälfte des Ausgangsvolumens eingekocht ist.

» Gelatine im kalten Wasser einweichen. Walnüsse, Pistazien und Pinienkerne grob hacken, mit der ausgedrückten Gelatine, der Orangenschale und den Orangenfilets zu den Zwetschgen geben und das Ganze abkühlen lassen.

» Währenddessen das Marzipan mit 30 ml Zwetschgenwasser und 30 g Puderzucker verkneten und auf einer mit Puderzucker bestäubten Arbeitsfläche dünn ausrollen – dabei zwischen Marzipan und Rolle Klarsichtfolie legen. Eine Terrinenform mit dem Marzipan auslegen (Folie nicht abziehen, sondern als Trennschicht zwischen Form und Marzipan verwenden).

» Die abgekühlte Zwetschgenmasse mit dem restlichen Zwetschgenwasser und Armagnac abschmecken und in die Terrinenform füllen.

» Die Terrine am Besten über Nacht in den Kühlschrank stellen. Dann vorsichtig aus der Form stürzen, die Klarsichtfolie entfernen und mit einem elektrischen Messer in Scheiben schneiden.

» Für das Eis die Zwetschgen waschen und entsteinen. Mit 50 g Zucker, Zwetschgensaft, Zimtstange und der aufgeschlitzten Vanilleschote in einen Topf geben und zum Kochen bringen. Zimtstange und Vanilleschote entfernen, das Ganze mit einem Pürierstab mixen und durch ein Sieb streichen. Die Masse mit Zwetschgenwasser und Armagnac abschmecken und in einer Eismaschine gefrieren. Das Eis in ein Behältnis füllen und in das Tiefkühlfach stellen.

» Den restlichen Zucker mit Sahne und Glukose in einen Topf geben und zum Kochen bringen. Den Sauerrahm einrühren und die Masse mit Saft und Abrieb der Zitrone abschmecken. Die Masse abkühlen lassen, ebenfalls in der Eismaschine gefrieren und in das Tiefkühlfach stellen

» Beide Eissorten in gefrorenem Zustand so miteinander mischen, dass ein marmorartiges Muster entsteht (eventuell das zuerst zubereitete Eis wieder ein wenig antauen lassen). Das Eis bis zum Servieren in das Tiefkühlfach stellen.

» Für den Glühmost den Ingwer schälen und in dünne Scheiben schneiden. Den Most mit allen Zutaten erhitzen – nicht kochen! – und etwa 15 Minuten ziehen lassen. Durch ein feines Sieb abseihen. Nach Belieben mit etwas Honig oder Zucker süßen.

Es ist schwer, das Restaurant in dem mittelalterlichen Gemäuer mit wenigen Worten zu beschreiben. Eine Weinstube ist es schon, ein mediterran geprägtes Speiselokal auch. Ein kultureller Ort mit wechselnden Kunstausstellungen und gelegentlichen Klavierkonzerten ebenfalls. Aber doch noch ein bisschen mehr als das. Ziemlich viel mehr!

Aber fangen wir doch von vorne an, bei Wolfgang Büttinghaus, einem Quereinsteiger unter den Gastronomen, einem, der irgendwann entschieden hat, nicht nur zu konsumieren, sondern anzubieten. Genau das, was ihm am besten gefällt: eine mediterrane, vor allem spanisch geprägte Küche mit vielen Gewürzen und Olivenöl, mit Fisch und Schinken, auch mit Knoblauch – und von Letzterem gar nicht so wenig. Er findet die Zeit, seine Gäste zum Träumen zu verleiten, indem diese seinen selbst komponierten Liebesträumen auf dem Klavier lauschen. Warum das Restaurant trotzdem einen französischen Namen trägt und wie das alles mit Orsoy zusammenhängt, einem Ortsteil von Rheinberg mit bewegter Historie, erklärt einem der Chef gern selbst. Einfach fragen!

Was Wolfgang Büttinghaus noch erklärt, sind Speisen und Weine – und wie die wiederum am besten zusammenpassen. Und dass Küchenchefin Anna Carus und Assistentin Irma Macharé in der Zubereitung der Speisen nicht nur Rezepte aus Spanien mit einfließen lassen, sondern dabei auch sardische und südamerikanische Traditionen berücksichtigen. Vorweg also iberischen Schinken oder die famose, als Hausspezialität geltende Fischsuppe, danach eine Dorade oder das Lammfilet samt den berühmten Châteaukartoffeln. Sinnvollerweise reserviert man hier seinen Tisch, bestellt erst mal Tapas in vielen Varianten und dann Zarzuela oder Paella. Dazu spanischen Verdejo (für die Fans weißer Weine) oder einen roten Crianza. „Alle Weine sind in unserem Weinshop erhältlich", betont der Chef, der nicht nur sämtliche Speisen vorkostet, bevor sie auf die Karte geschrieben werden, sondern auch sämtliche neuen Weine einer eingängigen Probe unterzieht. Was der Grund dafür ist, dass die Gäste nicht selbst auswählen, sondern es dem Team vom Château d'Orsay überlassen. Es ist die beste Entscheidung, die man treffen kann! Ein Highlight jeden Donnerstagsabend: Herr Büttinghaus senior, der auf dem Klavier den verwöhnten Gast quer durch die Welt der Operetten führt.

Spaghetti con conchitas
(alle vongole) à la Château

Zutaten für 4 Personen

1 kg Venusmuscheln aus dem Wildfang
¼ l Weißwein
100 ml Olivenöl,
4 Knoblauchzehen, vorbereitet und in Scheiben geschnitten
1 größerer Bund Petersilie, klein gehackt
2 getrocknete Tomaten, zerkleinert
½ kg frische Cherry-Tomaten, in Würfel geschnitten
1 Chilischote, klein geschnitten
Meersalz
frische Basilikumblätter, klein gehackt
600 g Spaghetti aus Hartweizen, Salz

Zubereitung

» Zunächst die Venusmuscheln reinigen. Dann die Muscheln in Weißwein und Olivenöl kochen. Knoblauch, reichlich Petersilie, nach Belieben mehrere Scheiben aus der Chilischote, getrocknete Tomatenstückchen und klein gewürfelte Cherry-Tomaten zugeben. Der Kochvorgang ist beendet, wenn sich die Muscheln geöffnet haben. Mit Meersalz abschmecken. Einmal umrühren. Nicht geöffnete Muscheln entfernen. Gehacktes Basilikum einstreuen.

» Spaghetti in einem separaten Topf mit einem halben EL Salz angereichertem Wasser zum Kochen bringen. Während des Kochens einmal gut umrühren. Nach etwa 8 bis 10 Minuten Kochzeit abgießen.

» Venusmuscheln mit genügend Wein-Olivenöl-Fond und den kleinen Tomatenstückchen hinzufügen. Mit klein gehackter Petersilie und Basilikum überstreuen.

Wildfang-Dorade a la Château

mit Rosmarin-Château-Kartoffeln

Zutaten für 4 Pesonen

4 Doraden aus dem Wildfang
Knoblauchöl
12-16 Knoblauchzehen
frische Salbeiblätter
getrocknete schwarze Oliven
Pfeffer, Salz
Gemüsebrühe
1 Chilischote in Scheiben geschnitten
einige getrocknete Tomaten
Petersilie
2 Zitronen
600 g kleine Kartoffeln
Rapsöl
Salz, Pfeffer
2 Chilischoten
frischer Rosmarin und Thymian
Ingwerknolle

Zubereitung

» Zunächst die Gewürzmischung vorbereiten – mit Knoblauchöl, Gemüsefond, Pfeffer, Meersalz und klein gestoßenem Ingwer.

» Die Doraden ausnehmen und entschuppen. Von jeder Seite – je nach Größe – zwei- bis dreimal quer tief einschneiden. Für die Füllung den gesäuberten Innenbereich der Dorade unter Zuhilfenahme eines Küchenpinsels mit der vorbereiteten Gewürzmischung bestreichen. Je nach Größe der Fische zwei bis drei ganze Knoblauchzehen pro Fisch (geschält oder auch ungeschält)-, zwei bis vier Oliven- mit den zuvor klein gehackten getrockneten Tomaten hinzugeben und den Füllvorgang mit frischen Salbeiblättern und Petersilienzweigen abschließen. Die Öffnung mit kleinen Holzspänen (Zahnstochern) verschließen.

» Danach die Doraden, dieses Mal von beiden Seiten, vollständig mit der vorbereiteten Knoblauchöl-Gewürzmischung einstreichen. Eventuell zusätzlich mit Knoblauchstreifen- oder Zitronenstückchen bestreuen.

» Danach die Doraden in der Pfanne von beiden Seiten goldgelb vorbraten und anschließend in den vorgeheizten Backofen auf ein Backblech mit Backpapier legen. Bei 200-220° C, je nach Größe der Fische, 10-15 Minuten garen und zwischendurch mehrmals wenden und die Oberfläche mit dem gewonnenen Saft bestreichen.

» Die kleinen Kartoffeln (Schmörkes) mit etwas Rapsöl in der Pfanne mit Deckel dünsten und anbraten. Das Wenden der Kartoffeln während des Garvorgans gehört dazu. Den gebräunten Knollen zum Schluss Pfeffer, Salz, Petersilie, einige Scheiben Knoblauch und Chili sowie frischen Rosmarin und Thymian hinzufügen.

» Dorade und Kartoffeln mit Salat und einigen Scheiben Zitrone servieren.

Als Albert Kallfelz vor mehr als 40 Jahren ein kleines Rieslinggut an der Mosel übernahm, in der Weinbergidylle zwischen Koblenz und Trier, kannte noch niemand den Namen des Betriebes, wussten viele Weintrinker nur von den Zeller Weinlagen zu berichten. Knapp zwei Hektar umfasste die Rebfläche des Kallfelzschen Gutes damals – was gerade so zum Überleben reichte. Doch Albert Kallfelz wollte nicht einfach nur weiterführen, was er übernommen hatte, sondern erweitern. Besser gesagt: Er wollte das Potenzial der Spitzenweinberge in diesem Teil der Mosel ausschöpfen, wollte klarmachen, was Terroir bedeutet und dass die Böden in den Merler Lagen Stephansberg, Adler und Königslay-Terrassen für große Rieslingweine gut sind.

Im Laufe der Jahre wurden neue Weinberge erworben, wurde ein neues Konzept aufgebaut – eines, das vor allem dem persönlichen Einsatz des Winzers zu verdanken ist. Albert Kallfelz, der heute mehr als 50 Hektar Reben sein eigen nennt, kümmerte sich persönlich um den Verkauf der Weine, beschränkte sich nie darauf, nur zufällig vorüberfahrende Kunden zu bedienen. Die Flaschen mit dem charakteristischen Etikett sind daher heute auch auf vielen Restaurantkarten zu finden, und immer wieder präsentiert Albert Kallfelz die Vielfalt seines Programms selbst – gern auch am Niederrhein. Was einen halbtrockenen Kabinett von einer trockenen Spätlese unterscheidet oder was ein Großes Gewächs mitbringen muss, damit ihm

diese Auszeichnung zuteil wird, erzählt er gern. Jenes von Albert Kallfelz stammt aus der Schiefer-Steillage Königslay-Terrassen und gilt als trockener Spitzenwein des Hauses, während sich im süßen Bereich Auslesen, Beerenauslesen oder Eisweine den Rang der Nummer eins teilen. Doch ganz egal, wie viel Fruchtsüße die Weine aufweisen: Sie alle sind dafür gemacht, zum Essen getrunken zu werden, am Niederrhein oder an der Mosel, in Begleitung von Moerser Schnecken mit Ziegenkäseschaum oder zu typisch moselländischen Spezialitäten. Die Klasse der Terroir-Rieslinge aus Zell ist übrigens auch dem Bundespräsidenten nicht verborgen geblieben. Auf dem Bürgerfest im Garten von Schloss Bellevue wurden vor zwei Jahren Kallfelz-Weine ausgeschenkt, persönlich präsentiert vom Inhaber des Weinguts. Albert Kallfelz, der vielen Kollegen als Urgestein des Moselweinbaus gilt, wäre nicht er selbst, hätte er sich diese Einladung entgehen lassen.

Volksbank
Emmerich-Rees
STADT REES

Von Kleve ins Münsterland

Im niederrheinischen Norden fühlt sich der Besucher auf eine besondere Weise mit der Natur verbunden. Es mag am breiter werdenden Rhein liegen, an den ausgedehnten Wiesen und Feldern, an den gemütlichen Dörfern, die dazu neigen, ihren Bewohnern viel Platz zu lassen. Vielleicht gelten die Nord-Niederrheiner auch deshalb als besonders wortkarg, weil sie mit der Natur genug haben, sich nicht mitteilen müssen.

Tatsächlich sollte man wenigstens einmal im Leben erfahren, welchen Charme Kleve bietet, wie hübsch der unmittelbar am Rhein gelegene Ort Rees ist und dass Kevelaer nicht nur als Wallfahrtsort zu Berühmtheit gelangte, sondern auch authentische kulinarische Spezialitäten feilhält. Sie haben ja auch alles, die Köche der Umgebung: frischen Fisch aus den nahen Niederlanden, Fleisch aus eigener Landwirtschaft, Obst ohnehin, und mit Gemüse von Kohl bis zu Kartoffeln wissen die Lebensmittel-Experten eine Menge anzufangen. An Rezepten mangelt es ihnen auch nicht, ganz egal, ob diese eigener Inspiration entspringen oder alter Tradition. Die besten Köche der Gegend verbinden beides miteinander, bereiten einen Sauerbraten auf neue Weise zu, verbinden den importierten Zander oder Steinbutt mit Kräutern von daheim. Was auf diese Weise entsteht, kann man als Neue Niederrheinische Küche bezeichnen, sofern sie nicht – wie in Xanten – auf römische Koch-Prinzipien Bezug nimmt. Aus der Region zwischen Rhein und Maas ist der Gourmet übrigens rasch ein Stück nach Osten gelangt. Das Münsterland ist nah, die Grenze zum Niederrhein nur für den geographisch bewanderten Reisenden zu erkennen. Wer bloß an guter Küche interessiert ist, freut sich über eine ursprüngliche Landschaft und Attraktionen, die vom Xantener Wochenmarkt bis zum Schinken aus der Dingdener Heide reichen. Und was das Freuen angeht: Weil immer mehr Restaurants auf die Tradition zurückgreifen und hiesige Produkte propagieren, ist die Begeisterung über niederrheinische oder münsterländische Gastronomie größer denn je.

Das mit der Abwechslung nimmt man im Nierswalder Landhaus wörtlich. Schon die reguläre Speisekarte wechselt regelmäßig, immer wieder wird sie um aktuelle Produkte der Region ergänzt, mit neuen Rezepten angereichert. Aber wer glaubt, das wäre schon alles, übersieht die zahlreichen Aktionen und kulinarischen Events, die im traditionsreichen Gasthaus in Goch stattfinden. Gastgeberin Sigrid Dittrich und ihr zum Großteil schon seit vielen Jahren zusammenarbeitendes Team denken sich immer wieder Neues aus, um die Kunden mitzunehmen auf eine Genussreise rund ums Mittelmeer, auf Spargelessen oder auf eine mehrgängige Speisefolge unter dem Motto Wild & Wein. Für den jungen Küchenchef Jan Hollendung eine perfekte Gelegenheit, sich zu beweisen. Und für Sommelier Michael van den Höövel eine Chance, sein Weinwissen und den Inhalt des Landhaus-Kellers auszuspielen. In dem lagern nämlich nicht nur frische deutsche Weiß- und Rotweine, fair und bestellfreundlich kalkuliert, sondern auch Bordeauxraritäten aus den Neunzigern, also genau richtig, um mit Feldhase oder Reh kombiniert zu werden. Die Abwechslung hat eine lange Tradition im Nierswalder Landhaus, das sich seit Langem einen überregionalen Ruf erworben hat, der Wille zur Erneuerung auch. Inhaberin Sigrid Dittrich hat es verstanden, den Charakter eines niederrheinischen Gasthauses zu bewahren, ihn aber geschickt um zeitgemäße Details zu ergänzen. So vermitteln die Gasträume Flair, die Terrasse mit Blick auf den Dorfteich wurde zu einer Freiluftlounge umgestaltet, und die Hotelzimmer bieten allen Komfort, um den Niederrhein ein paar Tage lang in vollen Zügen zu genießen. Jan Hollendung sorgt dafür, dass die kulinarische Abwechslung anhält, greift gern auf Salate und Gemüse aus der Umgebung zurück, bezieht den Käse vorrangig von guten Produzenten im Umkreis von Goch und verzichtet in der Saison nie auf holländische Matjes. Sehr viel mehr Niederrhein geht gar nicht!

Zutaten für 4 Personen

600 g Saiblingsfilet, küchenfertig
1 kg Miesmuscheln
1 kg Vongole-Muscheln
500 g Hokkaidokürbis, gewürfelt
200 g weiße Bohnen, eingeweicht und gekocht
200 g Wurzelgemüse (Sellerie, Möhren, Lauch, Zwiebeln), gewürfelt
500 ml Gemüsebrühe
200 ml Weißwein
20 ml Noilly Prat (trockener Wermut)
je **1 Messerspitze** Chili und Ingwer
Dill, Kerbel und Blattpetersilie
Meersalz

Gebratenes Saiblingsfilet

auf einem Kürbis-Muscheleintopf mit weißen Bohnen

Zubereitung

» Saiblingsfilet mit feinem Meersalz würzen und auf der Hautseite anbraten.

» Die Muscheln waschen und säubern, danach mit Kürbis, Gemüse, Brühe, Weißwein, Chili und Ingwer in einem großen Topf aufkochen. Das Ganze leicht köcheln lassen, bis sich die Muscheln geöffnet haben. Jetzt die Bohnen, den Noilly Prat und die geschnittenen Kräuter hinzugeben

» Mit dem gebratenem Saiblingsfilet in einem großen, tiefen Teller servieren.

Zutaten für 4 Personen

500 g ausgelöster Dammwildrücken
600 g Damwildschulter, ausgelöst
Meersalz, Pfeffer
Frischer Rosmarin, Öl
1 Ei
Muskatnuss
Abrieb von ½ Orange
1 EL Ketchup

Portwein-Vanille-Jus

200 ml Portwein
200 ml Wildfond
1 Stange Vanille
40 g Butter

Birnenkraut

600 g fein geschnittener Weißkohl
3 Birnen
100 g Zucker
200 ml Weißwein
100 ml Birnensaft
2 EL Mehl
Salz, Pfeffer
Abrieb und Saft von 1 Zitrone

Serviettenknödel

5 trockene Brötchen
200 ml heiße Sahne
3 Eier
50 g Speckwürfel
1 Zwiebel in kleinen Würfeln
20 g Butter
frische Petersilie
Salz, Pfeffer, Muskatnuss

Steak und Roulade vom Eifeler Damwild

mit Portwein-Vanille-Jus an Birnenkraut, Serviettenknödeln und gebratenen Pfifferlingen

Zubereitung

» Das Fleisch mit Meersalz würzen und in einer Pfanne mit Öl und einem Zweig Rosmarin medium braten.

» Die ausgelöste Damwildschulter aufschneiden, einritzen und plattieren. Die Ränder quadratisch zurechtschneiden. Von dem Fleisch ca. 200 g fein würfeln (am besten mit dem Fleischwolf). Die Hackmasse mit dem Ei, Orangenabrieb, Rosmarin, Salz, Pfeffer, Muskat und Ketchup würzen und abschmecken. Diese Masse auf das ausgebreitete Schulterfleisch auftragen und dieses einrollen. Die Fleischrolle in eine geölte Aluminiumfolie eindrehen und im Backofen bei 140° C ca. 1 – 1 ½ Stunden garen.

» Für den Jus Portwein, Wildfond und Vanille in einem Topf reduzieren und mit Butter aufmontieren.

» Für das Birnenkraut Birnen schälen, entkernen und würfeln. Alle Zutaten in einem Topf unter Rühren aufkochen und ca. 30-40 Minuten köcheln lassen, bis ein sämig gebundenes Kraut entstanden ist.

» Für den Serviettenknödel die trockenen Brötchen in Würfel schneiden und mit der heißen Sahne übergießen, die Butter hinzugeben und mit Salz, Pfeffer und Muskat würzen. Die Masse vermengen. Den Speck anbraten und die Zwiebeln hinzugeben, alles dann unter die Brötchenmasse heben. Die Petersilie hacken und zusammen mit den Eiern zu den Brötchen geben, alles gut durchkneten. Die Masse abschmecken und in Form bringen, dann in Salzwasser garkochen.

» Pfifferlinge anbraten und mit Salz, Pfeffer und Muskatnuss würzen. Mit einem kleinen Spritzer trockenem Sherry ablöschen.

Pfifferlinge

100 g geputzte kleine Pfifferlinge
20 g Butter
trockener Sherry
Salz, Pfeffer, Muskatnuss

Die alten Römer müssen eine Menge von guter Küche verstanden haben – auch jene Soldaten, die ganz im Nordwesten des Imperium Romanum stationiert wurden. Aus der Umgebung von Xanten bezogen sie Getreide und Gemüse, andere Zutaten wurden aus dem Mittelmeerraum in die Küchen der hiesigen Kastelle gebracht. Was die Kombination von Fleisch und Früchten anging, von pikanten und süßen Ingredienzien, machte den römischen Feldköchen so schnell niemand etwas vor.

Christoph Staymann lässt sich ebenfalls nichts vormachen. Der Küchenchef der Römischen Herberge in Xanten hat die Art und Weise der römischen Menügestaltung genau studiert, hat das berühmte Kochbuch des römischen Gourmets Apicius gelesen und hat Studien herangezogen, die nach den Ausgrabungen der Küchengruben und Überresten von Feuerstellen erstellt wurden. Seine Rezepte sind nicht frei erfunden, sondern ahmen so gut wie heute möglich die Art und Weise nach, wie von zwei Jahrtausenden in der Region am Niederrhein gekocht wurde. Ungewöhnliche Zutaten werden dafür mühsam beschafft oder gar selbst hergestellt. Christoph Staymann erklärt gern, welche Eigenschaften die Weinraute hat, dass man den sogenannten Stinkasant durchaus ins Essen rühren kann, sofern man die Menge begrenzt, und was es mit dem Liquamen (eine Fischsauce) der Römer auf sich hat. „Das war deren Maggi", sagt der Küchenchef, der gern niederrheinische Zutaten in die römischen Rezepte integriert. Mit gekochten Eiern samt Pinienkernsauce könnte ein Essen nach römischer Art starten, um dann über lukanische Würstchen und den Ferkelbraten nach Ostienser Art bis zu süßen Köstlichkeiten wie der Weizengrütze mit Mandeln zu reichen. Und wem das zu abenteuerlich sein sollte, der kann auch auf moderne Schmankerln ausweichen, darf niederrheinische Kartoffelsuppe oder Flammkuchen bestellen. Doch viele Gäste schätzen die Römische Herberge eben der besonderen Römerküche wegen. Am eindrucksvollsten ist die übrigens bei einem der Legionärsmahle, beim Dinner bei Sonnenuntergang oder bei der Nacht der Lichter. Römische Speisen, Führungen durch den Park und antike Tischsitten: Nirgendwo anders als in Xanten dürfte die kulinarische Reise in die Vergangenheit so authentisch sein.

Zutaten für 4 Personen

1 Poularde (zwei Brüste und zwei Keulen)
6 Datteln
2 EL Pinienkerne
2 Zweige Weinraute

Marinade

1 Zehe Knoblauch
500 ml Geflügelfond
2 TL Honig
2 EL Liquamen (Fischsauce)
½ TL Pfeffer
½ TL Koriander
½ TL Cumin, gemahlen
1 TL Liebstöckel
¼ TL Asafoetida (Stinkasant)
2 EL Olivenöl
1 EL Balsamicoessig
3 Zweige Weinraute

Numidisches Huhn

mit Rote Beete und Lauchgemüse (Pvllvs Numidicvs)

Zubereitung

» Die Zutaten für die Marinade alle zusammen einmal aufkochen, die ausgelösten Brüste und Keulen darin einlegen und ca. 40 Minuten pochieren, so dass das Fleisch weich gegart ist. Das Fleisch aus dem Fond nehmen und warm stellen.

» Den Fond in einen Topf geben, aufkochen, etwas reduzieren lassen und passieren. Das Fleisch in etwas Olivenöl anbraten (der Röstaromen wegen). Die Keulen teilen, die Brüste in Tranchen schneiden, auf einem Teller anrichten.

» In einem Topf Pinienkerne rösten, halbierte Datteln dazugeben, mit dem Fond auffüllen und wieder erhitzen. Mit etwas Olivenöl binden, noch mal etwas frisch gehackte Weinraute dazugeben, alles über die Poularde geben.

» Dazu Lauchgemüse, Rote Bete sowie römisches Fladenbrot reichen.

Dvlcia cvm nvcibus et vvis passis

eine Süßspeise mit Nüssen und Rosinen

Zutaten für 8 Personen

375 ml Sahne
75 ml Milch
125 g Eigelb
50 g Zucker
50 g Honig
Orangenabrieb
1 TL Passumrosinen

Mandelkrokant

250 g gehackte Mandeln
2 EL Zucker
3 EL Sahne

Pinienkrokant

50 g Zucker
1 EL Wasser
50 g Pinienkerne

Zubereitung

» Für die Süßspeise alles miteinander verrühren, in Förmchen füllen und im Wasserbad, abgedeckt im Ofen bei 120° C für ca. 25 Minuten pochieren. Abkühlen lassen und mit Pfeffer aus der Mühle, Honig, Mandel- und Pinienkrokant garnieren.

» Für den Mandelkrokant Zucker in einem Topf karamellisieren, Mandeln und Sahne dazugeben. Einmal aufkochen lassen, auf einem Blech verteilen und abkühlen lassen. (Die Masse lässt sich in lauwarmem Zustand formen.)

» Für den Pinienkrokant Zucker in einem Topf karamellisieren, Pinienkerne und Wasser dazugegeben. Einmal aufkochen lassen, auf einem Blech verteilen und abkühlen lassen.

Die alten Römer unterhielten in Xanten nicht nur ein großes Kastell, sondern versorgten ihre Soldaten auch mit Lebensmitteln. Ausgrabungen haben bewiesen, dass die römischen Köche gern Produkte von anderswo in ihren Menüplan einarbeiteten. Schließlich ist das Meer nicht allzu weit weg, liefert in kurzer Zeit Fisch und Meeresfrüchte. Waren, die auch Andreas Scholz ausgiebig einsetzt. „Mit Fisch kann man viel machen – und ich arbeite gern damit“, sagt der Chef. Frischer Steinbutt oder Steinbeißer, Lachs oder Jakobsmuscheln stehen also regelmäßig auf der Saison- oder der Tageskarte. Viele Stammkunden schätzen es, dass im Hotel Hövelmann auch Forellen und Saiblinge aus Zuchten der Umgebung verarbeitet werden. Auf eine Art, die von Sensibilität und Können zeugt, von der guten Ausbildung erst recht. Andreas Scholz arbeitete im berühmten Schloss Hugenpoet, avancierte im Parkhotel Krefelder Hof zum Küchenchef, machte dann den nächsten Schritt auf der Karriereleiter und übernahm das Xantener Traditionshaus als Geschäftsführer.

Ein Betrieb, der neben historischem Flair und Fisch noch vieles mehr bietet. Den Blick auf den Xantener Sankt-Viktor-Dom etwa, romantische Wochenendarrangements und natürlich Speisen ohne Fisch, Muscheln und Krustentiere. Mit Rinderfilet von der niederrheinischen Färse oder Flugentenbrust kennt sich Andreas Scholz ebenso gut aus wie mit Meerestieren, vegetarische Spezialitäten ergänzen das Angebot. Und über die römischen Sehenswürdigkeiten des Ortes weiß der Wahl-Xantener mittlerweile bestens Bescheid. Sein Arrangement unter dem Namen „Xanten-Entdeckung“ beinhaltet nicht nur eine Tour durchs Römermuseum und den Archäologischen Park, sondern auch eine geführte Nachtwanderung durch die Stadt. Und wer auf den Geschmack gekommen ist, erfährt gleich noch allerlei Anekdoten über die Ess- und Trinkgewohnheiten der Römer vor 2000 Jahren. Und erfährt, dass man heute im Hövelmann eine viel breitere Weinauswahl bekommt als damals!

Jakobsmuscheln und Bacon,

Salat von rohem Spargel und Erdbeeren

Zutaten für 4 Personen

12 Jakobsmuscheln
8 Scheiben Bacon
Olivenöl
250 g Erdbeeren
300 g Spargel
10 g frisches Basilikum
1 cl weißer Balsamessig
2 cl Sonnenblumenöl
Salat, z.B. Frisée, zur Garnitur
Daikonkresse
1 cl Pernod
4 cl Fischfond
2 cl Sahne
etwas kalte Butter
Salz, Pfeffer, Zucker
schwarzes Salz zum Dekorieren

Zubereitung

» Jakobsmuscheln mit einem kleinen Küchenmesser öffnen, auslösen, säubern, Rogen und Fuß entfernen. Spargel schälen und in feine Scheiben schneiden. Erdbeeren putzen vierteln und ebenfalls in feine Scheiben schneiden. Basilikum in feine Streifen schneiden und vorsichtig mit dem Spargel und den Erdbeeren mischen. Aus dem Essig, etwas Wasser und dem Sonnenblumenöl eine Vinaigrette anrühren, mit Salz, Pfeffer und Zucker abschmecken und über den Spargelsalat geben.

» Den Fischfond aufsetzen und zur Hälfte reduzieren lassen. Pernod und die Sahne dazugeben, nochmals kurz köcheln lassen, abschmecken und dann abseits der Hitze die kalte Butter untermixen.

» Pfanne mit etwas Olivenöl erhitzen, die Jakobsmuscheln von beiden Seiten scharf anbraten und dann abseits der Hitze ruhen lassen. Die Muscheln sollten warm sein, aber durchaus noch glasig. Die Baconscheiben halbieren, kross ausbraten und auf einem Küchenkrepp abtropfen lassen.

» Zum Anrichten den Spargelsalat auf einen Teller geben, mit Frisée und Daikonkresse garnieren, je drei Jakobsmuscheln auf dem Salat anrichten, die Baconchips dazulegen und den Pernodschaum um den Salat ziehen. Etwas schwarzes Salz (indisches Salz) auf den Schaum geben.

Flugentenbrust

auf Rhabarber-Süßkartoffel-Ragout

Zutaten für 4 Personen

4 weibliche Entenbrüste
Öl zum Braten
4 Stangen Rhabarber
1 kg Süßkartoffeln
1 Fenchelknolle
100 g Erdbeeren
20 g Ingwer
30 g Honig
5 cl Merlot
2 cl Portwein
5 cl Geflügelfond
30 g Butter
etwas Speisestärke
Salz, Pfeffer

Zubereitung

» Die Haut der Entenbrüste leicht einritzen und mit Salz und Pfeffer würzen. Entenbrüste in wenig Fett auf der Hautseite kross ausbraten, nach 2 Minuten kurz wenden und dann bei 80° C im Ofen 15 Minuten reifen lassen. Den Bratensatz mit Rotwein loskochen und auf die Hälfte reduzieren. Portwein und Geflügelfond hinzufügen und wieder reduzieren. Mit etwas Speisestärke abbinden und abseits der Hitze die kalte Butter unterrühren.

» Die Süßkartoffeln schälen und in Würfel schneiden (0,5 cm Kantenlänge).

» Rhabarber putzen und in Scheiben schneiden, Fenchel halbieren, Strunk entfernen und in feine Streifen schneiden. Ingwer schälen und in dünne Scheiben schneiden. Erdbeeren putzen und würfeln. 4 Stück für die Garnitur zurückhalten.

» Etwas Öl erhitzen und die Süßkartoffeln anschwitzen. Den Ingwer und den Fenchel hinzufügen und mit 1 cl Wasser ablöschen. Den Honig hinzufügen und mit Salz und Pfeffer würzen. Wenn die Kartoffeln fast gar sind, den Rhabarber hinzufügen und kurz vor Schluss die Erdbeeren unterschwenken.

» Das Kartoffelragout auf einem flachen Teller anrichten, die Entenbrust in dünne Scheiben tranchieren und auflegen. Mit den ganzen Erdbeeren garnieren und mit etwas Sauce nappieren.

Walter gibt es wirklich. Der Chef der Brauerei Walter Bräu steht mit seinem Namen für die Qualität seiner Biere – und das ist in diesem Falle kein Marketinggag, sondern ernst gemeinte Überzeugung. Schließlich blickt der niederrheinische Tüftler auf eine lange Karriere als Biertrinker und Biermacher zurück. Geliebt hat Walter Hüsges den einzigartigen Geschmack des niederrheinischen Gerstensaftes schon immer. Als junger Mann absolvierte er eine Ausbildung zum Brauer und Mälzer, arbeitete sich in verantwortliche Positionen hoch und prägte gleich mehrere Brauereien zwischen Köln und Wesel. Doch während andere Menschen erst ein Hobby beginnen und dieses dann allmählich zum Beruf ausbauen, war es bei Walter Hüsges genau umgekehrt: Der Niederrheiner begann kurz vor der Pensionierung mit dem privaten Bierbrauen und nutzte seit 2005 seine Erfahrungen, um daheim für Freunde und Bekannte Sude anzusetzen.

Walters Landbier
Perricher Weg 54C · 46487 Wesel
Walter Bräu Büderich
Landbier
Weizen
Weseler Brückenschlag
Ein Bier
das verbindet

WALTER BRÄU BÜDERICH
Weseler Brückenschlag
Walter Bräu Büderich

Inzwischen ist Walter Hüsges offiziell im Ruhestand, hat aber mehr zu tun als je zuvor. In seiner Hausbrauerei, die längst über den eigenen Keller hinausgewachsen ist, muss er sich schließlich um alles selbst kümmern – vom Ansetzen des Sudes bis zur Abfüllung des fertigen Bieres in Flaschen. Die Produktion ist daher streng limitiert; mit den großen Brauereien, seinen ehemaligen Arbeitgebern, will Hüsges nicht mithalten, was die Quantität betrifft. Wenn es allerdings um Qualität und Vielfalt geht, ist Walter Bräu weit voraus. Walters Rotbier hat schon unzählige Liebhaber gefunden, und das aus Dinkel und Gerste gebraut Hildegard-Bier, benannt nach der berühmten Kräuterexpertin und Äbtissin des Mittelalters, der heiligen Hildegard von Bingen, soll nicht nur gut schmecken, sondern auch ziemlich gesund sein. Nur die Saisonbiere sind, wie der Name bereits andeutet, nicht immer verfügbar: Zu Ostern sowie zu Weihnachten setzt Walter Hüsges spezielle Sude mit besonders hoher Stammwürze an und verkauft, solange der Vorrat reicht. Wer kein Spezialbier mehr abbekommt, kann sich aber immer noch für eine Führung anmelden. Für kleine oder mittlere Gruppen bietet Walter Hüsges Touren durch seine Miniaturbrauerei an, erklärt die Geheimnisse des Mälzens in kurzen oder längeren Seminaren, reicht Biere zur Probe und auf Wunsch auch die passende stärkende „Grundlage“ für den Magen. Auf diese Weise sorgt der Braumeister dafür, dass die handwerkliche Braukunst am Niederrhein nicht ausstirbt.

Der Küchenchef des Waldhotels Tannenhäuschen ist keiner, der sich mit der Position des Zuschauers begnügt. Oswald Heidelbach ist immer vorne mit dabei, arbeitet nicht nur die Speisekarten aus und macht die Einkäufe, sondern liebt die Arbeit am Herd und am Pass. Seine Neugier hat sich der weitgereiste Koch bewahrt – auch nach vielen Jahren und Stationen. Denn herumgekommen ist Heidelbach nun wirklich – nur wenige Köche zwischen Rhein und Maas bringen ähnlich viel Erfahrung mit wie der Wahl-Weseler. Nicht nur in Berlin und in der berühmten Ente vom Lehel in Wiesbaden arbeitete Heidelbach, auch bei Jörg Müller schaute er in die Töpfe, als der noch im Restaurant Nösse auf Sylt arbeitete, aber schon mit zwei Sternen dekoriert war. Dass er sogar bei Anton Mosimann im Londoner Dorchester kochte, im legendären St. Moritzer Kulm oder im schwedischen Restaurant Mälardrottningen, sei nur der Vollständigkeit halber erwähnt.

Von der Weltläufigkeit des Küchenchefs und der von ihm geleiteten Brigade profitieren die Gäste des Waldhotels Tannenhäuschen. Sie könne sich im Parkrestaurant mit einer Küche anfreunden, die klassische Basis mit regionalen Zutaten und modernen Akzenten verbindet. Wild aus der Umgebung gehört zu den Spezialitäten des Hauses, das auch für seine ideenreichen Vorspeisen und die Patisserie berühmt ist. Oswald Heidelbach sorgt dafür, dass sich niemand langweilt, dass ein Zanderfilet mit würziger Blutwurstmaultasche und Apfelchutney angerichtet wird, dass zum Rehrücken für zwei Personen ein Johannisbeerschmorapfel und Kabinettpudding serviert werden. Und wer das kulinarische Erlebnis vollenden will, bestellt zum süßen Abschluss die Crêpe Suzette, eine am Tisch aufwendig zubereitete Köstlichkeit. Der Küchenchef garantiert, dass beim Flambieren nichts schief geht und sich nach dem Servieren der Pfannkuchen mit Orangenaroma ein seliges Lächeln auf die Gesichter der Gäste legt.

Rehrücken auf Kürbischutney

mit Hirsch-Gänselebercarpaccio, Wildzigarre und Birnengelee

Zubereitung

» Rehrückenfilets kurz anbraten leicht mit Salz und Pfeffer würzen und im vorgeheizten Backofen bei 70° C Niedrigtemperatur 25 Minuten garen. Währen des Garvorgangs mit der Gewürzbutter hin und wieder einpinseln.

» Fürs Carpaccio den Hirschrücken plattieren, die Gänsestopfleber roh in Scheiben darauflegen und etwas erwärmen. Dann die Leber glattstreichen und einrollen.

» Fürs Kürbischutney alle Zutaten nacheinander anschwitzen, auf den Punkt schmoren lassen und leicht anbinden.

» Fürs Birnegelee den Saft aufkochen und mit eingeweichter Gelatine abbinden.

» Für die Wildzigarre alle Zutaten mischen und in Strudelteig einwickeln, dann in Fett schwimmend ausbacken.

» Für die Honighippe Butter und Honig in Wasser schmelzen. Gesiebten Puderzucker und gesiebtes Mehl zugeben. Die Masse abkühlen lassen, in eine Schablone streichen und bei 210° C Umluft ca. 5-6 Minuten backen.

» Das Carpaccio auf 4 Teller in dünnen Scheiben anrichten mit den Kürbiskernen und dem Trüffelöl dekorieren

» Das Kürbischutney anlegen und Rehrücken auflegen und nochmals mit der Gewürzbutter bestreichen.

» Zum Schluss das Ganze mit der Wildzigarre, der Honighippe und dem Birnengelee dekorieren.

Zutaten für 4 Personen

4 Rehrückenfilets je ca. 140 g
Salz, Pfeffer
Gewürzbutter
1 Lobeerblatt
6-8 Wacholderbeeren
6-8 Pigmentkörner
6-8 Pfefferkörner
60 g Butter

Carpaccio

200 g Hirschrücken, pariert
70 g Gänsestopfleber
10 g geröstete Pinienkerne
Trüffelöl
Salz, gemahlener Pfeffer

Kürbischutney

100 g Schalottenbrunoise
1 Zweig gehackter Thymian
300 g Hokkaidokürbis
15 g Sushi-Ingwer
30 g Honig
30 ml Weinessig
Salz, Pfeffer aus der Mühle
etwas Vanillesaucenpulver, mit Weißwein angerührt

Birnengelee

100 ml klarer Birnensaft
2 Blatt Gelatine

Wildzigarre

150 g Wildfarce
hausgemachte Wildgewürzmischung
etwas Orangenabrieb
Salz, Pfeffer
1 Blatt Strudelteig
Butter, Paniermehl
1 Ei

Honighippe

60 g Butter
30 g Honig
20 ml Wasser
75 g Staubzucker
35 g Mehl

Zubereitung

Gewürzbutter
Gewürze fein mörsern und die Butter erwärmen und alles vermischen und flüssig halten.

Variation von Hokkaidokürbis und Pflaume

Zutaten für 4 Personen

Eischnee
4 Eiweiß
80 g Zucker

Zwetschgenmousse
220 g Pflaumencoulis
1 cl Zwetschgenbrand
3 Blatt Gelatine
110 ml Schlagsahne

Hokkaido-Kürbismousse
220 g in Vakuum gegartes Kürbisfleisch mit Vanilleschote, Ingwer und 20 g Puderzucker
3 Blatt Gelatine
1 cl Kürbiskernöl
110 ml Schlagsahne

Kürbiskernöleis
200 ml Sahne
200 ml Milch
1 Vanilleschote
5 Eigelb
70 g Zucker
50 ml Kürbiskernöl

Fellini
250 ml Zwetschgensaft, gesüßt
3 g Agar-Agar

Süßes Kürbiskernpesto
100 g Zucker
1 TL Honig
5 cl Wasser
1 Limette (Saft)
20 Minzblätter
20 ml Kürbisöl
100 g geröstete Kürbiskerne

Zubereitung

» Für den Eischnee Eiweiß und Zucker schaumig schlagen.

» Für die Zwetschgenmousse aufgelöste Gelatine und Zwetschgenbrand zum Coulis geben. Die Hälfte des Eischnees und die Sahne unterheben.

» Für die Hokkaido-Kürbismousse aufgelöste Gelatine und Kürbisöl zum Kürbispüree geben. Den restlichen Eischnee und die Sahne unterheben.

» Für das Kürbiskernöleis Sahne, Milch und die ausgeschabte Vanilleschote aufkochen, ca. ½ Stunde ziehen lassen. Eigelb mit dem Zucker verrühren, Milch-Sahne-Mischung daraufgießen bis zur Rose abziehen, dann passieren und in die Eismaschine geben. Wenn die Masse gefriert, Kürbisöl zugeben.

» Für das Fellinigelee Zwetschgensaft aufkochen, Agar-Agar zugeben, nochmals aufkochen und in Fellini-Röhrchen gießen.

» Für das Kürbiskernpesto Zucker, Wasser, Honig und Limettensaft kochen, abkühlen lassen und mit Minze, Kürbisöl und Kürbiskernen mixen.

Regionale Produkte sind für Henning Buchmann eine Selbstverständlichkeit, heimische Traditionen kein Marketinggag. „Ich bin mit den Produkten der Gegend aufgewachsen“, sagt der Küchenchef des Carpe Diem. An der Verbundenheit mit Bentheimer Schwein oder Dingdener Ziegenkäse änderten auch die zahlreichen Stationen des jungen Kochs nichts. Ganz im Gegenteil: Im Landhaus Köpp oder im berühmten Düsseldorfer Victorian lernte der Niederrheiner die Feinheiten der großen Küche kennen, experimentierte mit Luxusprodukten und neuen Gartechniken. Fertigkeiten, die im 2007 eröffneten Carpe Diem nützlich sind, die aber nie exzessiv angewandt werden.

Henning Buchmann, Daniela Eichenauer und das kleine, hoch engagierte Team wissen, was die Gäste am liebsten verzehren. Typische Speisen, die zwischen Niederrhein und Münsterland pendeln, saisonale Attraktionen und das gewisse Etwas. Also sind die Pommes frites, die zum Entrecôte von der niederrheinischen Färse serviert wurden, handgeschnitten, also werden die Matjes mit einer hausgemachten Buttermilchmousse verfeinert. Mitten im Naturpark Hohe Mark kommen aber auch die Ausflügler nicht zu kurz: Am Wochenende ist durchgehend geöffnet, und die niederrheinischen Kuchen sind ebenso beliebt wie die Möppkes, die hiesigen Varianten der spanischen Tapas. Für Events, Musikabende (an jedem Mittwoch wird ein Grillbuffet aufgebaut) und Bankette bietet sich das Carpe Diem ebenso an. Auch bei solchen Gelegenheiten serviert Henning Buchmann Speisen, die zwar von Heimatverbundenheit künden, die aber immer auch ein bisschen große, weite Welt einfließen lassen. Marinierte Früchte und karamellisiertes Müsli gibt es so schnell kein weiteres Mal, und die Kombination von Jakobsmuscheln und ums Eck geernteten Kohlrabi ist nur für den ungewohnt, der sie noch nicht verkosten durfte. Apropos: Wer einmal den Schaum vom Dingdener Ziegenkäse probieren konnte, gern mal mit Quinoa und Radieschen zu einer verblüffenden Kreation veredelt, will dieses Musterbeispiel der Buchmannschen Küche immer wieder genießen!

Himmel und Äad

Zutaten für 4 Personen

1 Blutwurst
2 Jonagold Äpfel
1 Kartoffel
125 ml Milch
125 ml Wasser
1 EL Butter
150 g Mehl
4-5 Eier
10 g Zucker
8 g Salz
2 Zweige Majoran
eventuell Kräuter zur Dekoration

Zubereitung

» Einen Teil der Blutwurst 1 mm dünn aufschneiden und bei 60° C im Ofen trocknen. Einen Teil der Blutwurstchips im Mörser fein zermahlen.

» Die Äpfel schälen, klein schneiden und mit einem Esslöffel Wasser zugedeckt weich dünsten und fein mixen. Für die Kartoffelchips die Kartoffel schälen, 1 mm dünn aufschneiden und wässern. Bei 120° C in der Friteuse goldbraun ausbacken. Für die Blutwurstkrapfen Wasser, Milch, Butter, Zucker und Salz aufkochen. 100 Gramm Blutwurst untermixen. Unter Rühren das Mehl zugeben und den Teig auf der Herdplatte abbrennen (Brandteig). Diese Masse in einen Topf geben, gehackten Majoran hinzugeben und die Eier nach und nach unterschlagen. Der Teig sollte nicht zu flüssig sein.

» Die Friteuse auf 170° C vorheizen und Nocken von den Krapfen ausbacken (falls noch Teig übrigbleibt kann man den rohen Teig zu Nocken abstechen und einfrieren). Das Apfelpüree auf den Teller geben, mit der Erde bedecken. Aus den beiden Chips und Apfelpüree einen Turm bauen. Die Krapfen auf den Tellern verteilen und eventuell mit Kräutern ausgarnieren

Jakobsmuscheln
mit Kohlrabi und Buttermilch

Zutaten für 4 Personen

8 Jakobsmuschelkerne
1 Kohlrabi mit Grün
100 ml Rapsöl
Apfelessig
1 Zweig glatte Petersilie
100 g getrocknete Aprikosen
1 Schalotte
50 g Gemüsebrühe
100 g geräucherter Speck
100 ml Buttermilch
50 g Cashewkerne
1 EL Honig
Currypulver, Rauchsalz

Zubereitung

» Für das Kohlrabiöl die Blätter der Kohlrabi 1-2 Minuten in Salzwasser blanchieren, in Eiswasser abschrecken und gut ausdrücken. Im Mixer mit dem Öl sehr fein pürieren und über Nacht stehen lassen. Am nächsten Tag durch ein feines Sieb passieren.

» Für den Kohlrabisalat die Kohlrabi schälen und auf der groben Seite der Küchenreibe reiben mit Salz, Rapsöl und etwas Essig durchkneten und mit fein geschnittener Blattpetersilie verfeinern.

» Die Cashewkerne mit Honig und etwas Currypulver gut vermengen und im Ofen bei 160° C karamellisieren.

» Für das Aprikosenchutney die Aprikosen fein würfeln und mit Schalotten anschwitzen. Mit der Gemüsebrühe ablöschen und langsam einreduzieren bis die Aprikosen weich sind und die Brühe verkocht, danach sehr fein mixen und mit etwas Salz abschmecken.

» Für den Speckchip den Speck in 1 mm dünne Scheiben aufschneiden und zwischen zwei Backpapieren beschwert bei 175° C ca. 15 Minuten knusprig backen.

» Die Jakobsmuscheln in der Pfanne goldbraun anbraten und mit etwas Thymian und Butter fertig braten dabei immer wieder mit der schäumenden Butter übergießen.

» Kohlrabisalat, Cashewnüsse, Aprikosenchutney, Speckchip sowie die Jakobsmuscheln auf den Tellern verteilen. Etwas Buttermilch und Kohlrabiöl auf den Teller geben und mit etwas Currypulver sowie Rauchsalz verfeinern.

Niederrheinischer geht es nicht. Allein schon der Name des Lokals könnte nicht typischer sein für die Region zwischen Düsseldorf und der niederländischen Grenze. Op de Poort erinnert an das alte Rheintor, das im Zweiten Weltkrieg zerstört wurde. Passend wäre allerdings auch der Begriff Rheinblick: So nannte sich das Restaurant noch vor ein paar Jahrzehnten, bereits damals im Familienbesitz der Holzums und eine erstklassige Adresse für Kaffee und Kuchen, deftige Speisen und rheinisches Bier. Wirtin Mia Holzum genoss einen guten Ruf, und der übertrug sich nahtlos auf Sohn Theo, der den Rheinblick 1980 umbaute, später dann auf Enkel Michael Klaus. Nach der Umbenennung der Gaststätte in Op de Poort wurde allerdings das Speisenangebot erweitert und verfeinert, die Gäste reisten bald schon aus anderen Teilen des Landes an. Auch weil der junge Chef rasch bald mit Experimenten am Herd begann, weil er sich von Reisen inspirieren ließ. Zusammen mit seiner Frau Helene, einer gebürtigen Schweizerin, verführt er die Niederrheiner mit mediterranen Kreationen, lässt asiatische Gewürze und klassisch französische Traditionen einfließen. Die Restaurantführer sind voll des Lobes, die Stammkunden schätzen die wechselnden Aktionen und das in Jahren des Ausprobierens zusammengetragene Weinangebot. Doch ganz auf niederrheinische Spezialitäten verzichtet Michael Klaus Holzum nicht. Noch immer werden nachmittags hausgebackene Kuchen serviert, auf die Oma Mia stolz gewesen wäre. Und nach wie vor erinnern Klassiker wie die Scholle Finkenwerder Art daran, dass der Rhein gen Nordsee fließt und Meeresfrisch hier eine lange Tradition hat. Vielgereiste Gourmets schwören darauf, dass man weit und breit keinen frischeren essen und keinen schöneren Rheinblick genießen kann als im Op de Poort. Ein Besuch im malerischen Städtchen Rees, der Abschluss auf der Restaurantterrasse und Michael Klaus Holzums weltgewandte Küche ersetzen glatt einen ganzen Urlaub im Süden!

CAFE
RESTAURANT
Op de Poort
- Terrasse -
VELTINS

Ziegenkäseterrine
mit getrockneten Tomaten

Zutaten für eine Terrine (für 4 – 6 Personen als Vorspeise)

500 g Ziegenfrischkäse
300 g eingelegte getrocknete Tomaten, in feine Streifen geschnitten
400 g Zwiebelbrunoise
5 Zehen Knoblauch, fein gehackt
3 EL Olivenöl, 80 g Butter
1 – 2 TL frischer gehackter Zitronenthymian nach Geschmack
weißer Pfeffer, Meersalz und Zucker

Zubereitung

» Zwiebeln und Knoblauch in Olivenöl anschwitzen und die Tomatenstreifen zugeben. Unter Rühren dünsten lassen, bis keine Flüssigkeit mehr vorhanden ist. Mit Pfeffer würzen, abkühlen lassen.

» Butter mit dem Zitronenthymian und 1 Prise Salz schaumig rühren, den Ziegenkäse einrühren und glatt rühren.

» Unter die Hälfte der Käsemasse die Tomaten – Zwiebelmasse untermischen und mit Salz, Pfeffer und einer guten Prise Zucker abschmecken.

» Die Masse in eine mit Klarsichtfolie ausgelegte Terrinenform schichtweise einfüllen (die Tomatenmasse in die Mitte) und über Nacht kalt stellen. Aus der Form stürzen. Mit einem heißen, feuchten Messer in Scheiben schneiden und anrichten.

Räucherlachs-Roulade
mit Hummus

Zutaten für 4 Personen (als Vorspeise)

500 g Kichererbsen, getrocknete
1 Zehe Knoblauch
1 Prise Kreuzkümmel
1 TL Paprikapulver, süßer (Rosen)
1 Bund frischer Koriander
5 EL Olivenöl, gute Prise Salz
2 EL Sesampaste (Tahin)
Saft von 1 Zitrone
100 g Blattspinat
100 g Räucherlachs

Zubereitung

» Zunächst Hummus herstellen: Die Kichererbsen 12 Stunden einweichen. Etwa 1 Stunde weich kochen, Wasser abgießen und beiseite stellen. Alle Zutaten von Kichererbsen bis Salz im Mixer pürieren oder mit dem Pürierstab zerkleinern. Es muss eine geschmeidige Masse entstehen. Falls die Masse zu trocken ist, etwas vom Kochwasser hinzufügen. Am Schluss Tahin und Zitronensaft unterrühren. Die Masse in den Kühlschrank stellen. Einen Pfannkuchenteig herstellen und dünne, goldbraune Pfannkuchen backen. Den Blattspinat blanchieren. Mit Salz und Pfeffer abschmecken. Die Pfannkuchen mit Hummus bestreichen und mit Spinat und Räucherlachs belegen. Nochmals dünn mit Hummus bestreichen, rollen. Eine halbe Stunde kühl stellen. In fingerdicke Scheiben schneiden und servieren.

Am Anfang dürfte der eine oder andere Emmericher schon mal gelächelt haben über das neue Hobby des Andre de Schrevel. Dass einer aus dem Ort mit dem Schnapsbrennen beginnen würde, dass er sogar bundesweit Erfolge erzielen würde, hätte vor ein paar Jahren niemand gedacht. Heute aber sind die Einheimischen stolz auf ihren Brennexperten. Zumal Andre de Schrevel erst vor wenigen Jahren mit der Arbeit begonnen hat – und gleichzeitig mit der Bürokratie auch. Das Schnapsbrennen ist in Deutschland nämlich strengstens geregelt. Wer kein ererbtes Brennrecht besitzt, muss zwingend eine Verschlussbrennerei einrichten und eng mit den Zollbehörden zusammenarbeiten. Einfach entnehmen kann der Inhaber der Niederrhein Destille nichts aus den plombierten Brennblasen, jeder Zehntelliter Feinbrand wird gemessen und muss versteuert werden.
Doch vor dem Versteuern steht zunächst einmal der Einkauf der Grundprodukte. Andre de Schrevel sieht es als eine seiner Hauptaufgaben an, nur das beste Material zusammenzutragen. Die Streuobstwiesen des Niederrheins bieten eine erstaunliche Vielfalt an Quitten; Äpfel und Birnen dagegen stammen aus

Obstplantagen der Umgebung. Wenn Früchte nicht ganz der Norm entsprechen oder zu klein sind für den Verkauf, ergeben sie immer noch Brände erster Güte. Jedenfalls dann, wenn sie sortenrein und sorgsam eingemaischt sowie im richtigen Stadium gebrannt werden. Auf diese Weise entstehen in Dornick Edelbrände aus Äpfeln der Sorten Elstar oder Braeburn, aus reinsortigem Boskoop oder aus den bei Kennern geschätzten Williams-Birnen, die wie fast alle Rohstoffe im Umkreis von wenigen Kilometern wachsen. Doch damit nicht genug: In kleinen Mengen werden auch Zwetschgen verarbeitet, Himbeeren und Brombeeren, sogar Erdbeeren und Haselnüsse. Manche Früchte werden, des geringen Zuckergehalts wegen, mit Alkohol angesetzt, andere erzeugen in der Maischegärung genug Alkohol, um ohne weitere Zusätze gebrannt zu werden. Die Qualität der Niederrhein-Destillate hat sich mittlerweile herumgesprochen: Nicht nur in Emmerich selbst genießen sie Ruhm, auch von weit entfernt treffen Bestellungen für die mit zahlreichen Medaillen bei nationalen und internationalen Wettbewerben prämierten Spezialitäten ein. Nur auf den Emmericher Whisky müssen Liebhaber gereifter Getreidebrände noch ein bisschen warten. Weil diese Köstlichkeit noch eine Weile im Fass Aroma und Farbe annehmen darf, steht die Abfüllung erst Ende 2015 an – jedenfalls dann, wenn der Brenner mit dem Ergebnis zufrieden ist!

ISW
ISW
ISW

Es ist noch gar nicht so lange her, dass die beiden Küchenchefs Christian Eiting und André Hörster beschlossen, nicht das Übliche anzubieten, sondern ihre Gäste mit Kreativität zu verführen. Was die beiden Jungstars der Bocholter Gastronomie, die bei ersten Adressen wie dem Düsseldorfer Victorian gelernt und gearbeitet haben, auf den Tellern platzieren, hat viel mit dem kulinarischen Reichtum von Münsterland und Niederrhein zu tun, geht aber weit über die Zutaten und Traditionen der Region hinaus. Gemeinsam mit einem kleinen, aber bis in die Haarspitzen unter der Kochmütze motivierten Team kombinieren sie beispielsweise Münsterländer Kalb und die aus dem Atlantik stammenden Langustinos, wozu noch Ananas-Kürbis-Chutney und eine fruchtige Limonencreme das Ihre beisteuern. Der Rehbock wird mit Langpfeffer, Topinambur und Aprikosen umrandet, und zum Crumble mit Pflaumen reicht die Patisserie sowohl ein hausgemachtes Tonkabohneneis als auch Würze und eine knusprige Note beisteuerndes Haselnusskaramell. Doch keine Angst vor allzu viel Kreativität und kulinarischer Neugier: Ein westfälisches Krüstchen und andere Klassiker der regionalen Küche sind stets im Erzengel zu haben, eine ungewöhnliche Vielfalt an vegetarischen Gerichten ist es auch.

Damit es weder den Köchen noch den Gästen jemals langweilig wird, haben die Erzengel-Verantwortlichen zudem ein Aktionsangebot ins Leben gerufen, das nicht nur in Bocholt seinesgleichen sucht. Hummerwochen wechseln sich ab mit den Dry-Aged-Beef-Tagen, die ganz dem trocken gereiften Roastbeef gewidmet sind; Fischwochen folgen vielleicht auf die Kürbiszeit. Und weil die Zimmer und Suiten des Vier-Sterne-Hotels Am Erzengel mit derselben Liebe zum Detail eingerichtet sind wie die Speisekarte geschieben wurde, lässt sich mit hohem Komfort und außergewöhnlich stilvoll nächtigen – immer behütet vom Erzengel Michael.

Tatar vom Münsterländer Kalb

mit gebratenen Langustinos, Ananas-Kürbis-Chutney und Limonencreme

Zubereitung

» Das Kalbstatar mit den übrigen Zutaten vermengen und abschmecken.

» Die Langustinos kurz in Olivenöl anbraten, Rosmarin, Thymian und Butter hinzugeben. Wenden und auf Küchenpapier abtropfen lassen.

» Für die Limonencreme die Gelatine in kaltem Wasser einweichen. Crème fraîche, Milch und Limettenabrieb verrühren, mit Salz und Pfeffer sowie Limettensaft abschmecken. In einem Teil der Creme die aufgelöste Gelatine einrühren und zur restlichen Masse geben. Im Eiswasserbad stocken lassen und geschlagene Sahne unterheben.

» Für die Mayonnaise Eigelb und Senf verrühren. Unter ständigem Schlagen das Öl erst tropfenweise, dann im dünnen Strahl zugeben und schlagen, bis die Mayonnaise dick wird, glänzt und steife Spitzen bildet. Mit Wasabi, Salz und Pfeffer abschmecken.

» Kürbis, Paprika und Zwiebelwürfel anschwitzen, Apfel, Birne, Paprika, Knoblauch, Ingwer hinzugeben. Braunen Zucker und Tomatenmark zugeben. Einkochen lassen und mit Salz und Pfeffer abschmecken.

» Für den Sardinenschaum die Sardinen säubern, schuppen, Innereien und Köpfe entfernen. Schalotten und Zwiebel mit Thymian und Tomaten in Öl schwenkend anbraten. Sardinen zugeben und 3 Minuten mitbraten. Wein zugeben und auf ¼ reduzieren. Ketchup und Milch hinzugeben und aufkochen. Butter und Sahne einrühren. In der Küchenmaschine durchmixen und durch ein feines Sieb passieren.

» Mit dem gerösteten schwarzen Sesam dekorieren.

Zutaten für 4 Personen

4 mal 80 g Kalbstatar vom Münsterländer Kalbsfilet
1 Spritzer Tabasco
Salz und Pfeffer
etwas Limonenabrieb
4 Langustinoschwänze
1 TL Olivenöl
20 g Butter
Salz und Pfeffer
Je 1 Zweig Thymian und Rosmarin
gerösteter schwarzer Sesam zur Dekoration

Limonencreme

300 g Crème fraîche
150 ml Milch
100 g geschlagene Sahne
1 Limette
4 Blatt Gelatine

Wasabimayonnaise

2 Eigelb
2-3 TL Wasabipaste
1 TL Dijonsenf
300 ml Öl
Salz und Pfeffer

Ananas-Kürbis-Chutney

450 g Kürbiswürfel
4 El Olivenöl
60 g Apfelwürfel
60 g Birnenwürfel
100 g gelbe Paprikawürfel
60 g rote Paprikawürfel
200 g Ananaswürfel
100 g Rote Zwiebeln
2 Knoblauchzehen, zerdrückt
15 g geriebener Ingwer
65 g brauner Zucker
100 ml Weißweinessig
1 EL Tomatenmark, Salz und Pfeffer

Sardinenschaum

1,5 kg Sardinen
5 Schalotten, in Streifen geschnitten
1 ½ Zwiebel in Würfel
5 Tomaten in Würfel
1,5 l Milch
1,5 l Weißwein
100 g Ketchup
125 g Butter
250 ml Sahne

Zutaten für 4 Personen

4 Steinbuttfilets à 160 g
je 1 Zweig Thymian und Rosmarin
1 EL Olivenöl
20 g Butter

Garnitur

Pinienkernsand
gehackte geröstete Pinienkerne
Rote Shiso- und Sakurakresse
schwarzer, fermentierter Knoblauch

Artischocken

2 Artischockenböden
¼ Staudensellerie
1 Zwiebel
½ Lauchstange, 3 Möhren
Basilikum, Rosmarin, Safran
100 ml Weißwein
50 ml Noilly Prat (trockener Wermut)

Orangenfenchel

2 Fenchelknollen
3 Orangen
1 Zweig Estragon

Zitronenmus

240 g Zitronenschale
30 g Zucker
4 l Wasser
50 ml Zitronensaft
50 g Butter

Tomatencannelloni

250 g Polenta
750 ml Tomatensuppe
200 g geriebener Parmesan
Salz und Pfeffer
500 g Nudelgrieß
240 g Eigelb
120 g Vollei
40 ml Olivenöl
50 g Spinatpüree
20 g Rote-Bete-Granulat
100 g Tomatenmark

Steinbuttschnitte

an geräuchertem Paprikaschaum, Orangenfenchel, Artischocke, Zitrusfrucht und Tomatencannelloni

Paprikaschaum

Saft von 4 Paprika, rot
1 EL Olivenöl
2 Schalotten, in Würfeln
20 ml Noilly Prat (trockener Wermut)
Salz und Pfeffer
geräuchertes Paprikapulver
20 g Butter

Zubereitung

» Steinbuttfilets im Öl mit Kräutern anbraten. Butter hinzugeben, Hitze reduzieren und die Filets ständig mit dem Sud übergießen. Nach drei Minuten den Fisch auf Küchenpapier abtropfen lassen.

» Für den Orangenfenchel die Fenchelknollen vom Grün befreien. Mit Salz, Pfeffer, Orangenabrieb und -saft sowie dem Estragon im Vakuumbeutel 45 Minuten im köchelnden Wasserbad garen.

» Für die Artischocken das geputzte und geschnittene Gemüse anschwitzen, mit Wein und Noilly Prat ablöschen und mit Wasser auffüllen, aufkochen lassen. Artischockenböden hinzufügen, aufkochen lassen und vom Herd nehmen. Im Fond 1 Stunde ziehen lassen.

» Für das Zitronenmus die Zitronenschale 4 mal im Wasser blanchieren. Wasser mit Zucker und der Zitronenschale 40 Minuten köcheln lassen, anschließend passieren. In der Küchenmaschine cuttern, mit Salz und Pfeffer abschmecken und mit der Butter emulgieren.

» Für den Paprikaschaum die Schalotten in Öl anschwitzen. Mit Noilly Prat und Paprikasaft ablöschen. Einkochen lassen und mit den Gewürzen abschmecken. Mit Butterflöckchen aufmontieren.

» Für die Cannelloni die Tomatensuppe aufkochen und die Polenta hineingeben. Quellen lassen. Parmesan hinzugeben und mit Salz und Pfeffer abschmecken. Mit einem Spritzbeutel Rollen auf Küchenfolie spritzen und einrollen. Sollten Luftbläschen entstehen, diese mit einem Zahnstocher zerstechen. Kalt stellen.

» Die Zutaten für den Nudelteig vierteln. Vier Sorten Teig herstellen, pur, mit Spinat, mit Rote Bete und mit Tomatenmark. Alle zu einem glatten Teig verkneten (am besten Küchenmaschine). Die Nudelteige ausrollen und übereinander legen. Im Beutel vakuumieren und ½ Stunde kalt stellen. In 1 cm dicke Scheiben schneiden, ausrollen und in 12 cm lange Quadrate schneiden. Die Tomatenpolentastangen darin einrollen, vor dem Verschließen das Teigende mit Eigelb bestreichen. In Salzwasser ca. 6 Minuten garen.

Wenn Robert Dedic besondere kulinarische Produkte findet, behält er die selten für sich. Der Inhaber des Restaurants Maestral lässt seine Gäste an den besonderen Errungenschaften teilhaben, lädt zum Trüffelessen mit den besten italienischen oder französischen Knollen, lässt sich Gerichte mit frischem Hummer einfallen oder verzaubert mit kreativen Desserts wie dem hausgebackenen Beerenkuchen mit Schoko-Mandel-Eis. Im Sommer werden natürlich leichte, kreative Gerichte mit Ziegenkäse, Melone, Fisch und Salaten gereicht, der Winter ist eher den kräftigeren Speisen gewidmet. Doch in jeder Jahreszeit geht es in einem der besten Restaurants der Umgebung um das, was nicht jeder Koch beherrscht: um die Verbindung zwischen Münsteraner Traditionen und der Lebensart des Mittelmeerraumes. Robert Dedic, der mediterrane Wurzeln besitzt, aber im Münsterland aufgewachsen ist, kann die beiden Pole zusammenführen, verblüfft seine Gäste mit immer neuen Ideen. Wer hätte schon gedacht, dass auf die liebevoll dekorierten Tische so ungewöhnliche Speisen wie Taube mit Wildkräutern und Parmesanhippen gestellt werden, dass Hummer und Kalbsfilet mit viel Lavendel zu einer Kombination aus Fisch und Fleisch werden, die durch Lavendelcookies und Knoblauch eine originelle süßliche Würze erhält? Auch das Saltimbocca vom Münsterländer Kalbsfilet ist nicht von der Stange, erhält es seinen besonderen Charakter doch durch violette Kartoffeln als ebenso originelle wie schmackhafte Beilage. Doch es geht auch einfacher. Vor allem in der warmen Jahreszeit ist Grillen angesagt, wird der Garten zum Feinschmeckerparadies, werden frische Sardinen gegrillt oder kroatische Bauernsalate angerichtet. Vor allem für die Steaks wurde ein spezieller Grill angeschafft, damit auch aus einem einfachen Stück Fleisch etwas Großartiges wird!

Roberts Täubchen – Taubenbrust

und Tauben-Cordon-bleu mit Wildkräutersalat in Parmesanhippen (Enchiladas) und Trüffel

Zutaten für 4 Personen

4 Taubenbrüste
4 Taubenkeulen
2 Petersilienwurzeln
frische Blattpetersilie
8 Wachteleier
40 g Trüffel (Alba)
120 g Parmesan
½ EL Sherry-Essig
Salz, Pfeffer, Zucker
etwas Olivenöl
2 EL Traubenkernöl
Pfeffer, Paniermehl
100 ml Gemüsebrühe
100 ml Milch
1 Ei, 1 Eiweiß
120 g Wildkräuter
Rosmarin
Knoblauch
20 g Serranoschinken
20 g Ziegenkäse (wahlweise Pecorino)
etwas Butter, Essig
1 Spritzbeutel

Zubereitung

» Die Taubenkeulen vom Knochen befreien (auslösen), mit Serranoschinken und Ziegenkäse füllen und panieren.

» Petersilienwurzeln in Scheiben schneiden mit etwas Butter und den Stängeln der Blattpetersilie anschwitzen, Milch und Gemüsebrühe angießen, langsam garen bis gar und Flüssigkeit verdampft ist, im Mixer mit der Blattpetersilie pürieren und mit etwas kalter Butter, Salz und Pfeffer sowie Olivenöl abschmecken.

» Parmesan reiben und mit dem Eiweiß vermengen. 8 kleine, dünne Küchlein ausrollen, bei 180° C 6-8 Minuten im Ofen backen. Die noch warmen Parmesan-Küchlein auf Stiele von Wein- oder Wassergläsern rollen und erkalten lassen (beim Festwerden erhalten sie die typische Enchilada-Form).

» Einen Topf mit Wasser aufstellen, dieses zum Kochen bringen, salzen, einen guten Schuss Essig hineingeben.

» Taubenbrüste und -keulen anbraten, Rosmarinzweig, Knoblauch und einen Spritzer Olivenöl dazugeben, bei 65° C (Umluft) für 5 Minuten in den Ofen geben. In der Zwischenzeit die Wachteleier in das siedende Salz-Essig-Wasser geben und langsam garen (pochieren). Den geputzten Wildkräuter Salat mit Traubenkernöl und Sherry-Essig, Salz, etwas Pfeffer und Zucker anmachen. Die Wachteleier aus dem Sud nehmen auf Küchenpapier abtropfen lassen, leicht salzen.

» Warmes Petersilienwurzelpüree in den Spritzbeutel geben. Auf 4 Tellern jeweils links und rechts zwei dünne Püreebahnen mit dem Spritzbeutel anrichten, darauf die Parmesan-Hippen (Enchiladas) anrichten, diese dann mit dem Salat füllen, dazwischen die pochierten Wachteleier verteilen, Trüffel darüberreiben, die Taube tranchieren und dazwischen anrichten.

Zutaten für 4 Personen

4 Kalbsfilettranchen à 150 g
(von identischer Größe und Dicke)
2 Hummer à ca. 600 g
100 ml Weißwein
200 ml Rotwein von guter Qualität
200 ml Kalbsfond
60 g getrocknete Lavendelblüten
(Reformhaus)

Knoblauch, Salz,
Pfeffer, Zucker
1 Rosmarinzweig
1 Thymianzweig
250 g Butter
Olivenöl
Meersalz

350 g Mehl
90 g Zucker
1 Ei
1 Möhre
Sellerie, Lauch
2 dicke Ofenkartoffeln
(Backkartoffeln)

In Lavendel pochiertes Kalbsfilet

und gebratener Hummer serviert auf Lavendelcookie-Kartoffelstampf

Zubereitung

» Für die Cookies 180 g Butter (Raumtemperatur, also handwarm) mit 20 g Lavendelblüten, einem Spritzer Olivenöl, etwas Meersalz, Zucker und einem Ei vermengen, Mehl untersieben. Den Teig ausrollen, Cookies ausstechen und diese bei 180° C ca. 8-10 Minuten backen. (Es werden viel mehr Cookies entstehen als nötig, aber nur 4 Cookies zu backen, lohnt nicht. Alle Cookies die nicht benötigt werden, können in ein Weckglas gegeben und gut verschlossen aufbewahrt werden.)

» Kartoffeln schälen und halbieren, mit Meersalz würzen und bei 180° C für 30 Minuten in den Ofen geben.

» Einen größeren Topf mit Wasser und Weißwein aufsetzen, diese zum Kochen bringen, dann salzen, dazu Knoblauch, Sellerie, Möhre und Lauch geben. Die Hummer schnell ins kochende Wasser geben und für 4 Minuten köcheln lassen, dann entnehmen und im Eiswasser abschrecken. Hummerscheren ablösen, dann den Hummer halbieren, Darm und die Innereien entfernen (Kopf). Hummerscheren mit einer Zange oder der Rückseite eines großen Messers anbrechen.

» Den Rotwein mit dem restlichen Lavendel, Kalbsfond, etwas Butter, Knoblauch, Salz und Pfeffer zum Kochen bringen. Aufkochen und abschmecken. Die Kalbsfilets von beiden Seiten anbraten oder angrillen, dann in den Lavendelfond legen. Der Fond darf eine Maximaltemperatur von 65° C nicht überschreiten (Thermometer benutzen). Bei 65° C Celsius 8-10 Minuten garen.

» In der Zwischenzeit Butter mit fein geschnittenen Knoblauch und etwas Meersalz erhitzen, 4-6 Lavendelcookies hineinbröseln und vermengen. Hummer in Olivenöl und mit Rosmarin und Thymian anbraten, würzen. Kartoffeln aus dem Ofen nehmen und mit etwas Butter bestreichen.

» In die Mitte der Teller die halbe Kartoffel geben, diese mit einer Gabel zerdrücken, darauf die Lavendelcookie-Butter-Brösel-Mischung geben. Die Kalbsfilets aus dem Sud nehmen und längs halbieren, auf der Kartoffel anrichten. Etwas von dem Sud mit einem Löffel über das Filet geben und den Hummer auf den Tellern anrichten. (Man kann den Fond auch durch Zugabe von etwas Sahne aufschäumen, man kann frisches Marktgemüse mit verarbeiten oder statt Hummer frische Scampi oder Jakobsmuscheln verwenden.)

Duisburger Vielfalt

Weil der Niederrhein keine streng abgegrenzte Region ist, werden die Niederrheiner auch nie beleidigt sein. Selbst dann nicht, wenn man in einem Buch über die Gegend zwischen Rhein und Maas kurz die Grenzflüsse überquert. Was sich ja schließlich weder in Düsseldorf noch in Duisburg im Geringsten vermeiden lässt. Östlich der Niederrheinregion konkurriert das Bergische Land oder das Ruhrgebiet mit dem Kern-Niederrhein, doch auch da sind die Übergänge fließend. Die kulinarischen Traditionen haben sich im Laufe der Zeit ohnehin angenähert, die Gäste der Duisburger Restaurants kommen sowieso aus allen Teilen Nordrhein-Westfalens.

Eher müßig wird es also, die Herkunft und Authentizität der kulinarischen Spezialitäten Duisburgs zu ergründen. Die Stadt hat sich zum Schmelztiegel entwickelt, bezog immer schon landwirtschaftliche Produkte aus Moers und Krefeld, nahm aber auch dankbar jene Produkte entgegen, die auf dem historischen Hellweg transportiert wurden. Auch die Tatsache, dass Europas größter Binnenhafen auf Duisburger Stadtgebiet angesiedelt ist, trägt zur Weltläufigkeit der hiesigen Küche bei. Die auch in anderen Teilen des Ruhrgebiets zu findende Currywurst ist auch in der an der Mündung der Ruhr gelegenen Stadt zur Imbiss-Spezialität geworden, doch sollte man sich damit nicht zufriedengeben. Deftige Gerichte mit Kartoffeln, Schnibbelbohnen und Stielmus gehören ebenso zur Duisburger Kochkunst wie die importierten Matjes, wie frischer Nordsee-Fisch oder wie die auch in anderen Teilen des Rheinlands bekannte Kreation Himmel und Erde, also eine Assemblage aus Kartoffeln, Äpfeln und Blutwurst. Italienische und türkische Spezialitäten haben die Gastroszene in den letzten Jahrzehnten weiter bereichert. Und was die Getränke angeht, halten es die Duisburger sowohl mit dem niederrheinischen Altbier als auch mit dem aus dem Ruhrpott kaum wegzudenkenden Pils, haben sogar der Weinkultur zu einer Blüte verholfen. Und wer auf den Geschmack gekommen ist: Von Duisburg bis Dortmund und zur dortigen Restaurantszene ist es nur ein Katzensprung!

Tim Lellau ist zwar Niederrheiner von Kopf bis Fuß, wollte aber auch mal raus aus der Gegend. Nach der Kochlehre zog es ihn nach London, ins englische Hertfordshire und nach Südfrankreich. Stationen wie das JB's Restaurant oder das renommierte Shendish Manor Hotel, später auch der Kaiserhof in Willich-Schiefbahn pflasterten seinen Weg. Weil Lellau schon früh Verantwortung übertragen bekam, weil er rasch zum Souschef und Küchenchef aufstieg, lernte er mit Herausforderungen umzugehen.

Ob die Fein-Restauration in Friemersheim eine ist, lässt sich diskutieren. Einerseits ist die Lage im alten, unter Denkmalschutz stehenden Ortskern ein Glücksfall, andererseits muss der Chef, der hier seit 2012 seinen ersten Betrieb in eigener Regie führt, unterschiedliche Bedürfnisse unter einen Hut bringen. Kreative Küche mit Biergartengerichten zu verbinden – geht das überhaupt? Offenbar schon, wenn man denn die klassischen Speisen kreativ verändert, wenn man niederrheinischen Ziegenkäse und einen Gurken-Schlaat einbindet, wenn man so viel selbst herstellt wie nur irgendwie möglich. Die Pasta ist bei Schumachers also hausgemacht (und wird beispielsweise mit Trüffelrahm und gebratenen Pilzen angereichert), auch die im Sommer servierten Marillenknödel werden natürlich vor Ort angerührt und ausgebacken. Wenn da und dort mediterrane Kräuter, Gewürze oder Ingredienzien zu entdecken sind, wenn auch hin und wieder asiatische Traditionen die Speisekarte bereichern, ist das kein Stilbruch, sondern deutet Tim Lellaus kulinarische Neugier an. Was er in der Ferne als gut kennengelernt hat, kann auch in Friemersheim nicht schlecht sein! Was allerdings auch wiederum nicht bedeuten würde, dass niederrheinischer Spargel zu verachten wäre (er kommt von April bis Juni zu seinem Recht) oder dass die Gänsebratenzeit nicht ab Oktober gefeiert würde. Und der Geheimtipp par excellence ist sicher die Niederrheinische Kaffeetafel, die Tim Lellau zusammen mit der ganzen Familie anrichtet: Reservierung ist für den, der solche Besonderheiten in einem der schönsten Dörfer des Niederrheins entdecken möchte, unumgänglich.

Mousse von der Rheinischen Rauchforelle

mit Marzipan-Wasabi-Creme, Schnittlauch-Blüten und Cranberry-Vinaigrette

Zutaten für 4 Personen

Mousse

200 g Rauchforelle
(davon 100 g für die Mousse und 100 g für die Deko)
200 g Crème fraîche (für die Kleckse unter den Schnittlauchblüten etwas verwahren)
200 ml süße Sahne
(davon 100 ml flüssig und 100 ml geschlagen)
1 kleine Zwiebel
2 Blatt Gelatine
Salz und Pfeffer

Marzipan-Wasabi-Creme

1 TL Wasabi aus der Tube
1 Messerspitze grüne Lebensmittelfarbe (Bio)
2 EL Crème fraîche
1 EL handelsübliche Mayonnaise (80 % Fettanteil)
40 g Marzipan

Vinaigrette

1 EL gehackte Zwiebel
4 EL Cranberrys
6 EL Traubenkern-Öl
2 EL Zucker
2 EL Sherry-Essig
5 Blättchen Estragon
Salz und Pfeffer

Zusätzlich

grüner Spargel,
Schnittlauchblüten,
ein Stück Schlangengurke

Zubereitung

» Für die Mousse die Forelle in kleine Stücke schneiden und pürieren. Durch ein Sieb streichen. Mit Crème fraîche vermischen. Gelatine einweichen, ausdrücken und in der leicht erwärmten flüssigen Sahne auflösen. Diese Mischung ebenfalls unter die Fischfarce heben. Die geschlagen Sahne unterheben. Salzen und pfeffern.
Die Mischung kalt stellen und anschließend portionieren.

» Für die Marzipan-Wasabi-Creme Marzipan handwarm erwärmen, in der Hand durchkneten, mit einem Schneebesen Crème fraîche und Mayonnaise, Lebensmittelfarbe und Wasabi kräftig einrühren, bis eine glatte Masse entsteht. Danach durch ein Sieb streichen, um die Masse noch glatter zu bekommen. Nach Belieben mehr Wasabi einarbeiten.

» Für die Vinaigrette Schalotten in wenig Öl anschwitzen, Zucker dazugeben, leicht karamellisieren, jetzt die Cranberrys dazugeben, mit Essig ablöschen. Kurz aufkochen und auskühlen lassen.
Mit einem Schneebesen das Öl einarbeiten und mit Pfeffer und Salz abschmecken.

» Alles wie z.B. auf dem Foto dekorativ anrichten.

Zutaten für 4 Personen

Limetten-Törtchen

200 g Frischkäse
300 g süße Sahne
(davon 200 g geschlagen und 100 g flüssig)
1 ½ Blatt Gelatine
½ Vanilleschote
Saft und Abrieb von 1 Limette
1 EL Zucker
1 EL Honig
Erdbeergelee

Rhabarberkompott

2 Stangen Rhabarber, in Stäbchen geschnitten
5 EL Zucker
100 ml weißer Portwein zum Ablöschen
2 Stücke Zitronenschale zum Mitkochen
50 ml Erdbeermark
Saft von ½ Zitrone
½ Vanilleschote

Marzipan-Mohn-Küchlein

300 g Butter
300 g Puderzucker
1 Prise Zimt
1 Prise Salz
1 Vanilleschote
Abrieb von 1 Zitrone
300 g Marzipanrohmasse
300 g gemahlener Mohn
10 Eier
100 g gerösteter Mandelgrieß

Limetten-Törtchen,

Rhabarberkompott, Marzipan-Mohn-Küchlein und Kefir-Eiscreme

Zubereitung

» Für die Limetten-Törtchen Frischkäse erwärmen, mit der flüssigen Sahne, dem Zucker, dem Mark der Vanilleschote, dem Abrieb der Limettenschale und dem Honig vermischen. Gelatine einweichen und ausdrücken, in der Käse-Sahne-Mischung auflösen. Die geschlagene Sahne unterheben. Die Mischung in Portionsförmchen füllen und mindestens 2–3 Stunden kühl stellen.

» Für das Kompott den Rhabarber mit dem Zucker, dem Zitronensaft, der halben Vanilleschote und der Zitronenschale andünsten, mit Portwein ablöschen und köcheln lassen, bis der Rhabarber gar, aber noch bissfest ist. Abkühlen lassen. Zitronenschale entfernen, mit Erdbeermark abrunden.

» Für das Küchlein Butter mit Puderzucker und Gewürzen schaumig rühren, jetzt die restlichen Zutaten hinzugeben und glatt rühren. Ca. 2,5 cm hoch auf ein Blech streichen, bei 170° C ca. 20 Minuten backen.

» Für die Kefir-Eiscreme zunächst Kefir mit Saft, Abrieb und Honig verrühren, erst die Sahne, dann das Eiweiß unterheben. Die Masse in eine Box füllen und in die Tiefkühlung stellen.

» Alles dekorativ auf einem Teller anrichten.

Kefir-Eiscreme

200 g Kefir
150 g geschlagene Sahne
150 g geschlagenes Eiweiß
85 g Zucker in geschlagenem Eiweiß
1 EL Honig
Saft und Abrieb von **1** Limette

Sie sind Gastronomen mit Herz und Seele: Tobias und Astrid Bähner können sich nichts anderes vorstellen, als Gäste zu bewirten und mit immer neuen Ideen zu begeistern. Früher im „Bähner's am See“, heute im „Renzis“. Aber immer auf eine ganz besondere Weise, die vom fundierten Wissen der Chefs kündet. Schließlich hat Tobias Bähner den Job des Gastwirts von der Pike auf gelernt, absolvierte erst eine Ausbildung zum Hotelkaufmann und schloss noch eine zum Koch an. Dass er im Hotel Bachmair am See seine Frau, eine versierte Restaurantfachfrau, kennenlernen würde, dass er anschließend am Niederrhein für Begeisterung bei den Gästen sorgen würde, war nicht vorausgeplant, aber irgendwie zwangsläufig. Doch eine Gastronomie mit strengen Regeln und Gourmetmenüs schwebte den Bähners nie vor, sie wollten auf die Wünsche der Kunden eingehen, sie mitnehmen zu schmackhafter Küche, sie stets mit Neuem begeistern. Einfachheit bedeutet freilich nicht, dass die Renzis an der Qualität sparen würden. Ihre Burger genießen längst Ruhm jenseits der Baerler Grenzen, weil sie hausgemacht sind, weil sie auf Bestellung gegrillt und mit selbst gewürzten Saucen serviert werden. In Zusammenarbeit mit der Landbäckerei Baerler Mühle wurden sogar die perfekten Burgerbrötchen entwickelt. Sind Burger und die längst berühmten Spareribs immer zu haben, setzt Tobias Bähner ansonsten auf Abwechslung. Wechselnde Tagesempfehlungen bereichern das Angebot, Sonntags wird gebruncht, der Samstag ist der Cocktail-Happy-Hour gewidmet. Wer seine Feier im Renzis veranstalten will – vielleicht im stilvollen Lindensaal oder in der rustikalen Scheune namens Kuhstall – oder sich für das Catering-Angebot interessiert, wird mit einem maßgeschneiderten Angebot versorgt. Sogar die Übernachtung vor Ort ist bei rechtzeitiger Reservierung möglich: Das Gäste-Appartement bietet niederrheinisches Flair und eine eigene Küche. Obwohl es schwerfällt, nicht auf das Angebot im Restaurant zurückzugreifen!

Zarte Spareribs
in einer hausgemachten BBQ-Sauce

Zutaten für 4 Personen

2 kg frische Spareribs
(keine Loin Ribs oder Baby-Back-Ribs)
3 l Fleischbrühe

Marinade bzw. Sauce:
1 kg Ketchup
2 ganze Zwiebeln, gewürfelt
2 Zehen Knoblauch
100 ml Apfelessig
5 EL brauner Zucker
100 g Honig
1 kleine Flasche Malzbier (0,33 l)
2 TL Hickory-Rauchsalz
2 EL Butterschmalz
Salz, Pfeffer

Zubereitung

» In einem großen, weiten Topf die Fleischbrühe aufkochen. Rippchen waschen, trocken tupfen und von der Silberhaut befreien. In die kochende Brühe geben. Das Fleisch sollte vollständig mit Wasser bedeckt sein. Ca. 1 ½ Stunden bei schwacher Hitze weiter köcheln lassen.

» Für die Marinade bzw. die Sauce Butterschmalz, Zwiebelwürfel und den gehackten Knoblauch in einen Topf geben und leicht anschwitzen. Danach den braunen Zucker hinzugeben und umrühren, bis der Zucker leicht karamellisiert. Dann alles mit dem Apfelessig ablöschen und das Malzbier sowie den Ketchup hinzugeben. Rauchsalz hinzufügen und mit einer Prise Salz und Pfeffer abschmecken.

» Die Marinade nun ca. 10 Minuten einkochen und vom Herd nehmen. Mit einem Pürierstab gut durchmixen.

» Dann die noch heißen Spareribs aus der Brühe nehmen und sofort großzügig in der Marinade tränken. Die marinierten Rippchen müssen nun auskühlen und dann über Nacht kühl gestellt werden. Am nächsten Tag sind die Rippchen fertig zum Verzehr.

» Entweder auf einem Holzkohlegrill knusprig grillen oder in einem Backofen ca. 20 Minuten bei 180° C knusprig braten.

Ein Bistro zu eröffnen, muss keinen Verzicht auf anspruchsvolle Küche bedeuten. Erst recht nicht, wenn die, die fürs Unternehmen Verantwortung tragen, genau wissen, was sie zu tun haben. So wie Theo Friederichs, der vielleicht berühmteste Duisburger Koch aller Zeiten. In den Neunzigern des letzten Jahrhunderts pilgerten die Gourmets nicht nur aus Duisburg ins La Provence, die feinste Adresse zwischen Rhein und Ruhr, sie kamen von weither. Doch irgendwann hatte der Starkoch genug vom Seiltanz, vom Kampf um Ehrungen, von der ständigen Ungewissheit, ob Stern und Punkte in den nächsten Ausgaben der Guides erneuert würden. Theo Friederichs konzentrierte sich auf sein Hotel, sorgte für ein gelungenes Frühstück und dachte eine Weile lang nicht im Geringsten ans Kochen. Bis ihn die Stammgäste weichgeklopft hatten. „Die Nachfrage nach gutem Essen war immer noch da“, erinnert sich Friederichs an die Zeit vor zehn Jahren. Nach langem Überlegen entstand aber keine Neuauflage des La Provence, sondern etwas ganz anderes: das Bistro NT. Ganz ohne alle Mätzchen, die in Sternerestaurants so üblich sind. Vielteilige Gratis-Appetithappen werden nicht serviert, die Weinkarte verzichtet auf teure Prestigetropfen.

Worauf Theo Friederichs nicht verzichtet, sind die guten Produkte. „Vieles bekomme ich aus der Region“, sagt der Patron, anderes wird aus Frankreich importiert. Zusammen mit Küchenchef Alexander Klein kreiert das NT eine neue niederrheinische Küche (Seehechtfilet mit Stielmus) oder lässt Eisbein mit Ananaskraut servieren. Wer will, kann einen Flammkuchen oder den schon legendären Burger verspeisen, gefolgt von einer Birne Helene oder klassischer Crème brûlée. Nur hin und wieder erinnert ein Gang wenigstens ein bisschen an die alten Feinschmeckerzeiten. Kalbsbries mit Linsen oder Bressetaube mit Pfifferlingen wären immer noch für Ehrungen und Punkte gut, aber auf die legt Theo Friederichs schon längst keinen Wert mehr. Viel lieber sind ihm zufriedene Gäste, die beim Kaffee nach dem Essen an die alten Provence-Zeiten erinnern und ein wohliges „Heute war es genauso gut und viel entspannter“ folgen lassen.

Millefeuilles

mit Limonenbuttercreme und Himbeeren

Zutaten für 4 Personen

1 Packung TK-Blätterteig
20 frische Himbeeren
4 Eigelb, Klasse M
210 g Zucker
210 g Butter
Puderzucker
300 ml Sahne, flüssig und kalt
3 Limetten (Saft und Zesten)
1 Prise Salz

Zubereitung

» Butter, Salz, Zucker, Limettensaft und -zesten sowie Eigelb im Wasserbad zur Rose abziehen und kalt stellen.

» Den Blätterteig dreieckig schneiden und auf einem Backblech im Ofen bei 170° C langsam backen. Sobald der Blätterteig aufgeht, die Schichten auseinanderziehen. Diesen Vorgang drei Mal wiederholen.

» Danach die Schichten mit Puderzucker bestreuen und im Ofen bei 220° C karamellisieren.

» Die frischen Himbeeren mit Puderzucker und Limettensaft würzen. Sahne steifschlagen und unter die Buttercreme heben.

» Schichtweise Creme und Blätterteigblätter übereinander anrichten und mit den marinierten Himbeeren garnieren.

Angebratenes Sashimi
vom Yellowfin-Thunfisch mit Wakamesalat

Zutaten für 4 Personen

500 g Thunfisch bester Qualität (Yellowfin)
1 EL Sesamöl
250 ml japanische Sojasauce
3 EL Honig
100 ml Teriyakisauce
100 ml süße Chilisauce

Wasabimayonnaise

Wasabi nach Geschmack
100 ml Mayonnaise
etwas Limonensaft

Wakamesalat

100 g frische Wakame
100 g geputzter gelber Friséesalat
2 EL Sesamöl
weißer Pfeffer aus der Mühle
frische Korianderblätter

Zubereitung

» Thunfisch in vier gleich große Stücke schneiden. Die Zutaten für die Marinade vermischen und die Mayonnaise je nach gewünschter Schärfe mit Wasabi würzen, mit Limettensaft abschmecken.

» Thunfischstücke für 5 Minuten in die Marinade legen. Die Wakame mit Frisée mischen und mit Pfeffer sowie Sesamöl würzen. In einer heißen Pfanne den Thunfisch von allen Seiten scharf anbraten und in Tranchen aufschneiden.

» Alles dekorativ mit Wasabimayonaise anrichten.

Kochen kann man lernen. Oder man überlässt die Arbeit an Herd und Ofen den Spezialisten der Branche. Egal, für welche der beiden Varianten man sich entscheidet: Die Frank Schwarz Gastro Group auf dem Duisburger Großmarkt hat sich am Niederrhein und jenseits davon einen Namen gemacht für kleine und große Caterings – und dafür, Wissbegierigen das Kochen beizubringen. Küchendirektor Peter Röttinger und Küchenmeister Angelo Vocale dirigieren hier wie da die Einkaufs- und Personalplanung, konzipieren zusammen mit Frank Schwarz die Rezepte und überraschen die Kunden. Catering ist hier schließlich nichts von der Stange, sondern das, was man in der Welt der Mode als Haute Couture bezeichnet: reinste Maßarbeit. Unzählige Veranstaltungen am Niederrhein und in der Rhein- Ruhrmetropole sowie im Ausland zeugen vom Erfolg des Unternehmens, das Mitglied der Leading Event Caterer ist. Ausgestattet mit Buffet, Finger Food oder umfangreichen Menüs werden nicht nur Firmenevents und private Feierlichkeiten, sondern auch Empfänge mit hunderten von Gästen, Party, Messen oder – typisch für Duisburg – kulinarische Schiffstouren. Flying Dinner arrangiert das Team ebenso arrangiert wie Frontcooking, die Zubereitung von Fisch, Fleisch oder vegetarischen Köstlichkeiten im Angesicht der Kunden.
Klar, dass so was Lust auf mehr macht. So mancher Gast ist anlässlich einer mal regional, mal mediterran oder gar asiatisch abgeschmeckten Veranstaltung schon neugierig geworden auf die Zubereitungstricks – und hat sich gleich selbst zum Probekochen angemeldet. Das hochmoderne Küchenstudio ist eines der anderen Standbeine der Frank Schwarz Gastro Group und regelmäßig für Kochkurse geöffnet. Niederrheinische Küche wird hier zu neuen Höhenflügen animiert, die Backkurse mit dem Chefpatissier sind begehrt, und rechtzeitig vor den Festtagen werden die Neugierigen mit Weihnachtsspezialitäten verführt. Und wer nur mal hineinschnuppern möchte, ohne gleich Kniffe und Rezepte zu notieren, kommt erst mal zum sonntäglichen Brunch auf dem Großmarkt. Ein Jour fixe der Duisburger Gourmets!

Rosa gebratenes Kalbsfilet mit

Rostbeef-Spice auf Madeirasauce, dazu Möhrenflan, glasierter grüner Spargel und Kartoffel-Mandel-Bällchen

Zutaten für 4 Personen

1 Kalbsfiletmittelstück (700-800 g)
Roastbeef-Gewürz (Spirit of Spice)
Rapsöl zum Braten
40 g gesalzene Butter
70 g Schalotten
200 ml Madeira
300 ml Bratenfond
Salz, Pfeffer
1 Lorbeerblatt
1 Thymianzweig
15 g Mehl
450 g gekochte Möhren
3 Eigelbe
1 Vollei
120 ml Sahne
7,5 g Stärke
7,5 g Mehl
Salz, geriebene Muskatnuss, Zucker
8 Stangen grüner Spargel
40 g Butter
100 ml Mineralwasser
Salz, Zucker
400 g gekochte Kartoffeln
100 g Kartoffelmehl
3 Eigelb
200 g Mandelgrieß
65 g flüssige Butter
Salz, geriebene Muskatnuss

Zubereitung

» Das Kalbsfilet trocken tupfen und in einer vorgeheizten Pfanne mit dem Rapsöl von allen Seiten scharf anbraten. Anschließend kräftig mit dem Roastbeef-Gewürz würzen und auf einen Rost legen, so dass der Bratensaft im Ofen abtropfen kann. Den Backofen auf 115° C vorheizten und für 45 Minuten rosa braten. Anschließend das Filet in Alufolie wickeln und ca. 10 bis 15 Minuten ruhen lassen.

» Für die Sauce die Schalotten schälen, fein würfeln und in der gesalzenen Butter glasig anschwitzen. Anschließend mit dem Mehl bestäuben und eine Mehlschwitze herstellen. Das Ganze kurz aufschäumen lassen und mit der Hälfte des Madeiras ablöschen. Dann Bratenfond, Lorbeer und Thymian hinzufügen. Die Sauce um die Hälfte einkochen lassen und mit dem restlichen Madeira auffüllen, abschmecken und mit kalter Butter abrunden.

» Für den Möhrenflan die Möhren waschen, schälen und in kochendem, leicht gesalzenem Wasser sehr weich kochen. Anschließend mit Eigelb, Sahne, Zucker und einer Spur geriebener Muskatnuss sehr fein pürieren. Die fertige Masse in mit Butter ausgefettete Förmchen füllen und im Wasserbad bei 120° C ca.20 Minuten stocken lassen. Die fertigen Flans stürzen.

» Den Spargel von den kleinen Blättern befreien und unten die letztem 5 cm abschälen. Anschließend in kochendem Salzwasser ca. 2 Minuten blanchieren und in Eiswasser abschrecken. Vor dem Servieren in etwas Butter, Salz, Zucker und etwas Mineralwasser glasieren.

» Für die Kartoffel-Mandel-Bällchen die Kartoffeln waschen, schälen, waschen, mit Salz gar kochen und ausdämpfen lassen. Die trockenen Kartoffeln durch eine Presse drücken und mit den restlichen Zutaten zu einer Masse vermenger. Die Masse zu Bällchen formen und mit dem Mandelgrieß panieren und in heißen Fett goldgelb ausbacken.

Steinbutt & Lachs

im Nudelteig mit Purple-Curryschaum auf buntem Linsengemüse

Zubereitung

» Für den Nudelteig alle Zutaten miteinander zu einem homogenen Teig verarbeiten. Anschließend kühlen. Das vorgekühlte Lachsfilet mit dem Salz einige Sekunden in einem Mixer fein mixen (cuttern). Anschließend die restlichen Zutaten hinzufügen und zu einer homogenen Farce verarbeiten. Die fertige Farce kalt stellen.

» Den Steinbutt filetieren, von Gräten befreien und enthäuten. Anschließend die Fischgräten einige Minuten unter kaltem Wasser wässern. Danach den Fischfond ansetzen. Alle Zutaten miteinander in einem Topf geben und aufkochen lassen. Etwa eine halbe Stunde ziehen lassen und durch ein Tuch passieren.

» Den gekühlten Nudelteig mit etwas Mehl bestäuben und in einer Nudelmaschine hauchdünn ausrollen. Anschließend den ausgerollten Teig zu einem Rechteck schneiden und einige Minuten in kochendem Salzwasser bissfest garen. Danach sofort in Eiswasser abschrecken und zum Abtropfen auf einen Tuch legen.

» Den Nudelteig mit Eiklar bestreichen. Dann die Lachsfarce gleichmäßig verteilen und das Steinbuttfilet drauflegen. Das Ganze zu einer Rolle einschlagen, diese auf mit eine mit Öl ausgefettete Alufolie legen und zu einem Bonbon einrollen. Dieses Bonbon vor dem Servieren in einem Topf mit siedendem Wasser (ca. 90° C) für 15 Minuten garziehen lassen und anschließend in Scheiben schneiden.

» Die Linsen in kaltem Wasser einweichen und anschließend separat in Gemüsebrühe mit Thymian, Lorbeerblätter und Noilly Prat garkochen, danach Salz und Pfeffer abschmecken. Sellerie, Möhren und Zwiebeln in feine Würfel schneiden und einige Minuten in kochendem Salzwasser garkochen. Anschließend in Eiswasser abschrecken, um den Garprozess zu stoppen. Vor dem Servieren die Linsen und das Gemüse miteinander vermengen und mit etwas Butter und Salz und Pfeffer vollenden.

» Für den Schaum die Schalotten in feine Würfel schneiden und diese in der Hälfte der Butter glasig anschwitzen. Den Purple Curry hinzufügen und mit anschwitzen. Dann das Mehl hinzufügen und eine Mehlschwitze herstellen. Mit Fischfond aufgießen, bis die richtige Konsistenz erreicht ist. Vor dem Servieren die restliche Butter in die Sauce geben, abschmecken und mit einem Stabmixer schaumig mixen.

Zutaten für 4 Personen

1 frischer Steinbutt von 2 bis 3 kg

für die Lachsfarce

200 g Lachsfilet ohne Haut
150 ml Sahne
15 g Salz
etwas Pfeffer
1 g Fenchelsaat (gemahlen)
½ Eiweiß

für den Nudelteig

100 g Nudelgrieß (Hartweizengrieß)
200 g Mehl Typ 405
2 ganze Eier
4 ½ Eigelb
10 g Olivenöl
Salz

Purple-Curryschaum

12 g Purple Curry (vom Alten Gewürzamt)
75 g Butter
30 g Mehl
50 g Schalotten

für das Gemüse

50 g Lauch
100 g Zwiebel
500 g Sellerie
100 ml Noilly Prat (trockener Wermut)
10 g Salz, Pfeffer
2 Lorbeerblätter

für die Sauce

Fischkarkassen des Steinbutts
1 l Wasser

für das Linsengemüse

500 g von drei verschiedenen Linsen (rot/gelb/grün)
1 l Gemüsebrühe
1 Thymianzweig
Salz, Butter, Pfeffer
50 g Möhre
50 g Sellerie
50 g Schalotten

Die Stammgäste gibt es immer noch. Seit 17 Jahren kommen sie zu Patrizia und Nico Bodean, erst nach Oberhausen, seit gut und gern zwei Jahren nach Duisburg. Sie wissen nur zu gut, weshalb sie dem Restaurant mit seinem gut durchdachten Konzept den Zuschlag geben. Seit die Villa Patrizia existiert, haben die Gäste noch einen Grund mehr, ihren Tisch zu reservieren. Es ist nicht nur das täglich frisch nach Marktangebot zusammengestellte Speisenangebot, das für Begeisterung sorgt, ist keineswegs nur die von Patrizia Bodean verantwortete und mit 500 Positionen sensationell bestückte Weinkarte, die für leuchtende Augen sorgt. Herumgesprochen hat sich, dass im Hof der Villa ein überdachtes und notfalls beheizbares Sommerrestaurant etabliert wurde. Im eleganten Rahmen kann man hier, unabhängig von kühlen Tagen und Regen, genießen – mittags wie abends. „Eine gute Investition", sagt Nico Bodean.

Und Genuss bedeutet, dass der Chef selbst für Empfehlungen sorgt. Eine Speisekarte existiert zwar, doch lassen sich fast alle Kenner der gehobenen italienischen Küche von dem begeistern, was Nico Bodean und sein Küchenchef Mimo Trichi frisch auf dem Markt gekauft haben. Carpaccio vom Bison, Thunfisch oder kanadischen Hummer. Die vier Kilo Vongole, die am frühen Morgen geliefert wurden, verarbeitet man zu aromatischen Ragouts, und beim Servieren der seltenen roten Gambas bekommen Feinschmecker glänzende Augen. Danach vielleicht frische Steinpilze aus niederrheinischen Wäldern, gegrillt und mit etwas Taleggiokäse in Hochform gebracht, oder ein Entrecôte vom Nebraska-Rind, ganz nach Wunsch des Gastes gegart. Und dass die Desserts der Villa Patrizia einen exzellenten Ruf haben, darf man zu Recht vermuten – angeblich werden hier auch jene Kunden zu Süßspeisenfans, die sonst nie etwas Zuckriges zum Abschluss ordern. Eines übrigens ist klar: Nico Bodean und sein Team bleiben, bis der letzte Gast sein hausgemachtes Tiramisu verzehrt, den letzten Espresso getrunken, einer der vielen Grappa-Sorten zugesprochen hat. Gastfreundschaft hat auch viel mit Ruhe und Gelassenheit zu tun!

Lammkarree
in Kakaobutter gebraten

Zutaten für 4 Personen

Lammkarree

600 g Lammkarree
2 EL Kakaobutter
3 EL Olivenöl
schwarzer Pfeffer, Meersalz
1 Stück frischer Ingwer (2–3 cm), sehr fein gehackt
1 Bund gemischte Kräuter (Thymian, Rosmarin, Oregano)
einige Aniskörner
1 Knoblauchzehe, fein gehackt
2 Schalotten, fein gehackt

Panierter Spargel

4 grüne Spargelstangen
Mehl, Ei, Paniermehl
gemischte Kräuter, fein gehackt
1 Prise Salz

Zubereitung

» Das Fleisch in der Kakaobutter von allen Seiten anbraten. Nebenbei Knoblauch und Schalotten in Olivenöl anschwitzen und mit den übrigen Zutaten zu einer Kräuterpaste verarbeiten.

» Die Masse auf das Fleisch streichen und im Ofen bei 180° C rosa garen.

» Das Paniermehl mit den gehackten Kräutern mischen. Die Spargelstangen in Mehl, Ei und Paniermehl großzügig wälzen und anschließend frittieren.

Dialog von Hummersuppe und Hummersalat

mit einem Carpaccio von grünen Tomaten im Sesamring

Zutaten für 4 Personen

400-500 g frischer Hummer
Olivenöl
Limettensaft
Meersalz
schwarzer Pfeffer
frischer Dill und Koriander

Hummersuppe

1 Stück Möhre
1 Stange Lauch
1 Stange Sellerie
100 g Schalotten
3 cl Weinbrand
50 ml trockener Weißwein
½ l Wasser
3 EL Mehl
125 ml Sahne
1 EL Tomatenmark
etwas Öl
Meersalz

Carpaccio

4 grüne Tomaten
Meersalz
schwarzer Pfeffer
etwas Aceto Balsamico bianco
4 Kaktusfeigen
Olivenöl
Senf
frischer Majoran
1 kleiner Bund Frühlingszwiebeln
Sesam

Zubereitung

» Hummer in kochendem Salzwasser abkochen. Hummer abkühlen lassen und aufschneiden. Hummerfleisch in Scheiben schneiden und mit Öl, Limettensaft, Salz, Pfeffer, Dill und Koriander würzen.

» Die Schalen in Olivenöl anrösten, Tomatenmark zugeben und kurz mitrösten, mit Mehl bestäuben, mit Weinbrand ablöschen. Dann Weißwein und Wasser sowie das in grobe Scheiben geschnittene Gemüse zugeben. Mit Wasser auffüllen und ca. 30 Minuten köcheln lassen. Sahne zugeben und noch einige Minuten garen lassen. Durch ein Sieb passieren, abschmecken und eventuell mit dem Mixstab schaumig aufmixen.

» Die Tomaten waschen und in dünne Scheiben schneiden, würzen und mit den Kaktusfeigen und mit dem Sesam dekorieren.

Man muss nicht lange drumherumreden: Das inside ist Duisburgs Gourmetrestaurant par excellence, und Gregor Schuber ist der unangefochtene Spitzenkoch der hiesigen Restaurantszene. Das zentral gelegene Etablissement, modern und ein Aushängeschild der Duisburger Spielbank, ist aber nicht nur noble Essadresse, sondern kreativer Feinschmeckertreff. Kochkurse stehen hier auf dem Programm, Wein- oder Whiskyverkostungen, Champagnerabende und andere lukullische Besonderheiten. Für die kulinarische Betreuung der speziellen Anlässe ist, wie fürs Geschäft à la carte, Küchenchef Gregor Schuber zuständig. Seit Jahren prägt er die Spielbank-Gastronomie, und er hat sich seine Position hart erarbeitet. Der gebürtige Düsseldorfer, der am Niederrhein groß wurde, begann seine Karriere auf Schloss Hugenpoet (Essen-Kettwig), wechselte ins legendäre Schiffchen (Düsseldorf), schaute sich auch in Hamburg, Asien und Köln um. Als ihm die Leitungsposition im neueröffneten inside angeboten wurde, musste er nicht lange nachdenken. „Ich habe hier viele Möglichkeiten", sagt Schuber, der zusammen mit seinem Team beste Zutaten in spannende Gerichte verwandelt. Kombiniert wird ohne Scheu, aber niemals wild drauflos. Wenn Gregor Schuber Rehrücken mit Erdbeeren anreichert und Steinpilze aus den niederrheinischen Wäldern mit einem nach asiatischem Vorbild gewürzten Hummersaté serviert, sind dies durchdachte Kreationen, die spätestens nach dem Verkosten Begeisterung auslösen. Wer viel Zeit hat und die Kochkunst des Chefs in allen Zügen genießen möchte, bestellt das Sieben-Gang-Menü und lässt sich überdies mit den passenden Weinen zu jedem Gang verführen. Doch auch der eilige Gourmet bekommt, selbst wenn er von der Snackkarte ordert, manches geboten. Der „Du-iss-Burger" ist nicht einfach ein Stück Hackfleisch zwischen Brötchenscheiben, sondern eine kunstvolle Komposition aus Focaccia, kurz gegartem Roastbeef, Rotweinschalotten und Rucola. Für viele Gäste bereits ein ausreichender Grund, um der kulinarischen Spitzenadresse Duisburgs einen Besuch abzustatten.

Zutaten für 4 Personen

4 Carabineros
(rote Riesengarnelen,
mit Kräutern gefüllt)
4 Tranchen Rinderfilet à 120 g
1 mittelgroßes Stück Wassermelone
Salz, Pfeffer
Öl und Butter zum Braten

Kokoskartoffeln

4 mittelgroße Kartoffeln
100 ml Kokosmilch
50 g Kokosmark
30 g Butter, Salz

Spitzkohl

1 Spitzkohl
100 g Crème fraîche
Salz, Muskatnuss
½ Zehe Knoblauch
50 g Pecorino, etwas Butter

Surf and Turf
„inside Style"

Zubereitung

» Rinderfilets parieren und portionieren, salzen und pfeffern. In einer Pfanne Öl und Butter erhitzen und die Steaks darin auf beiden Seiten kurz scharf anbraten. Steaks in Alufolie einwickeln und im vorgeheizten Backrohr noch ca. 8 – 10 Minuten (je nach gewünschtem Garungsgrad) nachgaren lassen, abschmecken.

» Die Carabineros scharf anbraten und würzen. 3 – 4 Minuten in der Pfanne ziehen lassen. Das Stück Wassermelone zurechtschneiden, grillen und würzen

» Kartoffeln schälen und in gleichmäßige Würfel schneiden (3 mal 3 cm), kurz blanchieren, dann in einem Vakuumierbeutel mit Kokosmilch, Butter, Kokosmark und einer Prise Salz bedecken. Vakuumieren und bei 60° C ca. 45 Minuten dämpfen

» Spitzkohl von den Außenblättern befreien. 4 schöne Blätter vom Strunk befreien und in Salzwasser blanchieren. Den Rest in feine Streifen schneiden und in schäumender Butter andünsten, abschmecken, Crème fraîche hinzugeben und 3 – 5 Minuten dünsten. Dann ins Spitzkohlblatt einrollen und mit dem Käse gratinieren.

» Mit Madeirajus servieren.

Tiramisu
von der Gänseleber

Zubereitung

» Gänseleber vorsichtig von Haut und Adern befreien. In Würfel (3 cm Kantenlänge) schneiden und in eine Metallschüssel geben. Pökelsalz, Salz, Madeira und Portwein in einer kleinen Schüssel verrühren, über die Gänseleber geben und vorsichtig unterheben. Eine Lage Frischhaltefolie darauflegen und andrücken. 24 Stunden im Kühlschrank marinieren lassen.

» Die Parfaitmasse nochmals vermengen und in gewünschte Terrinenform drücken, mit Klarsichtfolie und Alufolie abdecken, bei 45° C im Dampf ca. 35 Minuten pochieren und abkühlen lassen.

» Für das Gelee den Portwein in einen Topf geben, aufkochen und auf 120 g reduzieren. Die Gelatine einige Minuten in kaltem Wasser einweichen, dann gut ausdrücken und mit dem warmen Portwein vermengen. Sobald das Gelee beim Abkühlen anzieht, sofort über die gegarte und abgekühlte Parfaitmasse geben, gleichmäßig verteilen, fest werden lassen.

» Für die Mousse den Zucker karamellisieren lassen, mit der Sahne ablöschen, köcheln lassen. Eingeweichte Gelatine ausdrücken, in die warme Sahne hineingeben und vermengen. Masse kalt rühren, geschlagene Sahne unterheben.

» Apfel achteln und in Form bringen. Zucker karamellisieren, mit Calvados und rotem Portwein ablöschen, Gewürze zugeben, auf die Hälfte einkochen und die in Form gebrachten Äpfeln hinzugeben aufkochen und ziehen lassen.

» Aus den Briochezutaten eine Brioche backen.

» Die Feigen mit einem Zahnstocher einstechen. Restliche Zutaten aufkochen und die Feigen darin mindestens 48 Stunden einlegen.

» Alles wie auf dem Foto anrichten.

Zutaten für 8 Personen

Gänseleberparfait
1 kg geputzte Gänseleber
13 – 13,5 g Salz
2 g Pökelsalz
20 – 25 ml Cognac
20 ml Madeira
20 ml Portwein, rot

Portweingelee
450 ml Portwein, rot
4 Blatt Gelatine

Karamellmousse
100 g Kristallzucker
250 ml Sahne
feines Meersalz
4 Blatt Gelatine
40 g geschlagene Sahne

Äpfel
1 Granny-Smith-Apfel
50 g Zucker
100 ml Portwein, rot
50 ml Calvados
½ Vanillestange
1 Nelke
1 Zweig Thymian

Brioche
500 g Mehl
75 ml Milch
30 g Hefe
1 Prise Zucker
8 g Salz
250 g Butter
6 Eier

Portweinfeigen
6 Feigen
25 ml Grenadine
175 ml Rotwein
125 ml Portwein, rot
80 g Zucker

Dortmunds einziges Sternerestaurant – das allein ist schon eine Verlockung für den Feinschmecker. Einzigartig ist aber auch der Standort. Das Palmgarden auf der Hohensyburg befindet sich in Deutschlands schönster Spielbank, hoch überm Ruhrtal gelegen. Hier bietet sich den Gästen vom Tisch aus ein atemberaubender Fernblick. Die perfekte Einstimmung, um sich auf die Menüs von Michael Dyllong zu freuen. Der junge Palmgarden-Küchenchef, Jahrgang 1987, stammt aus Dortmund. Bereits seine Ausbildung hat er auf der Hohensyburg absolviert, wo seit vielen Jahren erstklassige Küche geboten wird. Dank der kulinarischen Weitsicht von Konrad Casciani, verantwortlich für die Gastronomie der Westdeutschen Spielbanken, wurde Dyllongs Talent früh erkannt und gefördert. Er errang zahlreiche Auszeichnungen und bekam schließlich seine Chance als Chefkoch im Palmgarden. Hier begeistert er seither mit junger, kreativer Haute Cuisine. Die kommt nicht nur bei Gourmets an. Zweimal avancierte das Palmgarden im Feinschmeckermagazin Savoir Vivre zu „Deutschlands Restaurant des Monats“. Der Gault Millau verlieh zwei Kochmützen – und der Guide Michelin würdigte die Leistungen des jungen Kochs mit einem Stern. Im Ruhrgebiet kommen nur wenige Häuser an die Klasse des hier wirkenden Teams heran. Was im ersten Stock der Spielbank aufgetischt wird, ist bis ins Detail durchkomponiert. Dyllong wählt ein Hauptprodukt, dem er mit verschiedenen Komponenten neue geschmackliche Nuancen verleiht. So wird beispielsweise die Forelle aus norwegischen Fjorden, flankiert von Erbsen in unterschiedlichen Texturen, von Melone und erfrischender Limette, zu einem kulinarischen Erlebnis. Seezungen profitieren von Roter Bete und Trüffel, das Entrecôte wird mit Steinpilzen und Rotweinschalotten veredelt. Und wer statt des Desserts – vielleicht Mirabellen, Hefeeis und Mascarpone, wenn es die Saison hergibt – seinen Genussabend lieber mit Pikantem abschließt, bestellt den von Bernard Antony veredelten Käse. Der elsässische Affineur zählt zu den besten Käsehändlern Europas und ist für das Palmgarden gerade gut genug. Der beste denkbare Service und die spannendste Weinkarte, die man sich wünschen kann, ohnehin.

Fjordforelle

mit Erbsen, Melone und Limette

Zutaten für 4 Personen

Fjordforelle
240 g Fjordforellenfilet

Fischbeize
400 g Gewürzmischung
30 g Szechuansalz,
10 g Räuchersalz,
10 g Meersalz

Erbsencreme
80 g Erbsenpüree
150 g Rührei
135 g Parmesan
1 EL Crème fraîche
Salz, Pfeffer

Erbsensalat
40 g Erbsen, frisch
40 g Zuckermelone
1 TL Schnittlauchringe
15 ml Limonendressing

Limettengel
125 ml Wasser
90 ml Limettensaft
80 g Zucker
4 g Agar-Agar

Erbsenflan
75 g Erbsenpüree
1 Eigelb
1 Eiweiß
Salz, Pfeffer, Muskatnuss

Honig-Senf-Sauce
75 g Senf, mittel
60 ml Sonnenblumenöl
35 ml Balsamicoessig, weiß
50 g Zucker
10 g Honig

Zubereitung

» Für die Beize alle Zutaten in einem Mixer grob mixen und damit die Forelle bestreuen. Im Kühlschrank 18 Stunden marinieren. Anschließend die Forelle abspülen, trockentupfen, in Rechtecke schneiden und mit dem Szechuansalz bestreuen.

» Alle Zutaten für die Erbsencreme vermengen, zu einer glatten Masse mixen und in einen Spritzbeutel füllen. Kalt stellen.

» Für den Erbsensalat Erbsen pulen, Melone in kleine Würfel schneiden und vermengen. Mit Limonendressing und Schnittlauch vollenden.

» Für das Gel Limettensaft, Zucker, Wasser und Agar-Agar aufkochen und auskühlen lassen. Einen Mixstab eintauchen und durch Mixen eine gelartige Konsistenz erreichen.

» Für den Flan Erbsenpüree und Eigelb vermengen. Mit Salz, Pfeffer und Muskat abschmecken. Geschlagenes Eiweiß unterheben und im Ofen bei 180° C 10 Minuten backen.

» Für die Sauce alle Zutaten vermengen und mixen. In eine Halbkugelform (Durchmesser 3 cm) füllen und einfrieren. Die gefrorenen Halbkugeln durch flüssige Kakaobutter ziehen und langsam auftauen lassen.

Zutaten für 4 Personen

Baumrinde

100 g Schokolade
(Valrhona Grand Cru 72 % Zartbitter)

Tonkabohnenmousse

1 Ei
45 g Zucker
1 geriebene Tonkabohne
1 Blatt Gelatine
165 g Mascarpone
120 g geschlagene Sahne

Pistazienmalto

40 g Pistazienmark
30 g Maltodextrin
10 ml Kürbisöl
30 g gehackte Pistazien

Schokoladenhaselnüsse

2 EL Zucker
1 TL Wasser
100 g gehackte Haselnüsse
1 EL Zartbitter Schokolade
1 EL Kakaopulver
Prise Salz

Kirschgranité

100 ml Kirschpüree
10 ml Kirschwasser
etwas Vanille

Biskuitsteine

150 g Eiweiß
30 g Mandelgrieß
30 g Yopol (Joghurtpulver)
30 g Zucker
10 g Mehl
1 TL schwarzes Lebensmittelpulver

Kirsche

mit Tamarillo, Pistazie und Tonkabohne

Zubereitung

» Die temperierte Schokolade auf eine Silikonmatte streichen und in Eiswasser tauchen. Anschließend vorsichtig abziehen.

» Alle Zutaten für den Crumble verkneten. Auf ein Backblech geben und im vorgeheizten Ofen bei 180° C 10 Minuten backen.

» Alle Zutaten für den Malto mischen.

» Für die Haselnüsse Zucker und Wasser zu Karamell kochen. Nüsse unterziehen. Alles mit der flüssigen Schokolade mischen und zum Schluss Kakaopulver hinzugeben.

» Alle Zutaten für die Biskuitsteine vermischen und durch ein feines Sieb passieren. In eine isi-Flasche füllen und 2 Sahnekapseln eindrehen. Biskuitteig in eine Plastikdose füllen und in der Mikrowelle ca. 1 Minute backen. Biskuitteig auseinanderzupfen und im Ofen bei 80° C trocknen.

» Für das Gel Kirschsaft mit Zucker und Agar-Agar aufkochen und auskühlen lassen. Anschließend zu einen glatten Gel mixen.

» Für das Eis alle Zutaten im Thermomix auf 80° C mixen. Im Pacossier-Becher 24 Stunden einfrieren. Vor dem Anrichten pacossieren.

» Kirschsaft mit Zucker, Kirschwasser, Vanillemark und Cremepulver aufkochen. Halbierte Kirschen zufügen und auskühlen lassen.

» Für die Pralinen alle Zutaten verrühren und in Halbkugelformen einfrieren. Jeweils zwei Halbkugelformen aneinanderkleben und durch flüssige Zartbitterschokolade ziehen.

» Kirschpüree mit dem Kirschwasser verrühren und in kleinen Kugelformen einfrieren.

» Für die Mousse Eigelb mit Zucker in eine Schüssel geben und über dem Wasserbad aufschlagen. Tonkabohne und Gelatine zugeben, mit Mascarpone mischen. In einem Eisbad abkühlen und die geschlagene Sahne untermengen.

Tonkabohneneis

30 g Eigelb
30 g Vollei
175 ml Sahne
150 g Vollmilch
80 g Zucker
1 geriebene Tonkabohne

Kirschpraline

50 ml Sahne
50 ml Vollmilch
20 ml Kirschwasser
15 g Puderzucker
½ Vanilleschote
Bitterschokolade

eingelegte Kirschen

50 g Kirschen
50 ml Kirschsaft
1 cl Kirschwasser
1 g Cremepulver
½ Vanilleschote

Kirschgel

200 ml Kirschsaft
25 g Zucker
2 g Agar-Agar

Schokoladencrumble

50 g Mehl
65 g Rohrzucker
20 g Kakaopulver
50 g flüssige Butter

Promotionen sind nie Voraussetzung, um ein Restaurant zu betreiben, helfen aber manchmal weiter. Vor allem dann, wenn man seinen Doktor im Fach Wirtschaftswissenschaften erworben hat – was zwar wenig mit Gastwirtschaften, aber viel mit Zahlen zu tun hat. Und weil er rechnen kann, der Chef von Kais Restaurant, weiß er genau, was machbar ist und was nötig, wo man investieren muss und welche Prioritäten die Gäste zu setzen pflegen.

Möglich und machbar ist offenbar eine ganze Menge. So viel, dass Kais Restaurant in den letzten Jahren zu einer der beliebtesten Adressen in Mülheim aufgestiegen ist, auch nach dem Umzug ins Hotel Lederfabrik. Ausgezeichnet von den Restaurantführern, geschätzt bei den Stammkunden. „Ich wollte nie ein schickes Gourmetlokal eröffnen“, erklärt Kai-Thorsten Bräsch, der eigentlich aus Hamburg stammt und in Skandinavien seine Leidenschaft für unkomplizierte Gastronomie entdeckte. Für eine allerdings, die Wert legt auf Produkte der Region, auf bestes Fleisch, frischen Fisch und jede Menge Handgemachtes. „Geschmacksverstärker gibt es bei uns nicht“, betont Kai-Thorsten Bräsch. Küchenchef Fabian Thiele setzt die Vorgaben um und bringt eigene Ideen ein. Also finden die Mülheimer hier eine Assemblage aus norddeutschen Spezialitäten wie Matjes und Krabben, frischem Fisch und hausgemachter Pasta sowie Fleisch bester Qualität. Egal, ob es ein kurz gegrilltes Steak vom US-Beef ist, eine mediterrane Tagliata oder gar das wochenlang trocken gereifte Dry Aged Beef: Viele Zutaten und Beilagen brauchen solche Kostbarkeiten nicht. Manchmal reichen schon ein guter Grill, ein paar Tropfen hausgemachtes Gewürzöl und ein eine gute Portion Können, um aus einem normalen Restaurantbesuch ein einzigartiges Erlebnis zu machen. Vielleicht auch für zu Hause: Kais Restaurant hat sich längst für seine Catering-Ideen und für stilvolle Übernachtungsmöglichkeiten einen Namen gemacht. Die Zimmer im denkmalgeschützten Hotel Lederfabrik stellen weitere gute Gründe dar, die Reise nach Mülheim zu planen.

Zutaten für 4 Personen

Feigensenf-Dressing
2 EL Feigensenf
1 EL Senf
4-5 EL Balsamico bianco
etwas Honig
50 ml Rapsöl

außerdem

300 g Baby-Spinat
20 g Sesamkörner
100 g frische Aprikosen in Spalten
Salz, Pfeffer
3 EL Zucker
250 g Ziegenfrischkäse
Thymian
4 Scheiben Brickteig
Öl zum Ausbacken

Spinatsalat

mit Feigensenf-Dressing, Sesam, karamellisierten Aprikosen und gebackenem Ziegenkäse

Zubereitung

» Für das Dressing den Feigensenf mit Senf, Balsamico, Honig, Salz und Pfeffer mischen, langsam das Öl einrühren. Den Ziegenkäse mit Honig, gehacktem Thymian und Pfeffer vermengen. In die gewünschte Größe und Form bringen, in vier Teile teilen und jeden mit dem Brickteig umwickeln. Den Baby-Spinat waschen und trocken schleudern. Die Aprikosen in Spalten schneiden. In einem kleinen Topf Zucker mit etwas Wasser karamellisieren und die Aprikosenspalten zufügen. Mit etwas Pfeffer würzen. Währenddessen eine Pfanne mit etwas Öl erhitzen und darin den Ziegenkäse ausbacken. Nun den Baby-Spinat mit dem Feigensenf-Dressing anmachen und anrichten. Die Aprikosen und den Ziegenkäse dazulegen und mit dem Sesam bestreuen.

2009

Rosa gebratenes Rumpsteak

mit Rucola, Pfifferlingen und Gewürzöl

Zutaten für 4 Personen

4 Rumpsteaks oder Rib-Eye-Steaks à 250 g
1 Bund Rucola
250 g Pfifferlinge
50 g Pancetta
3 Schalotten
100 ml Olivenöl für das Gewürzöl
Öl zum Braten
einige Kapern
frischer Rosmarin und Thymian
2 Knoblauchzehen
Meersalz, Pfeffer
etwas Parmesan
etwas Butter

Zubereitung

» Für das Gewürzöl die Kapern, den Knoblauch, Rosmarin und Thymian grob schneiden und zu dem Olivenöl geben. Am besten mindestens 2-3 Tage ziehen lassen, damit sich die Aromen in dem Öl entfalten können.

» Das Fleisch bei Zimmertemperatur ruhen lassen. Den Rucola waschen und trocken schleudern. Die Pfifferlinge putzen. Schalotten in Streifen und Pancetta in Würfel schneiden. Eine Pfanne mit Öl stark erhitzen und das Fleisch von beiden Seiten jeweils 1-2 Minuten scharf anbraten. Aus der Pfanne nehmen und bei 160° C (je nach Dicke des Fleisches) 3-6 Minuten in den Backofen legen. In der Zwischenzeit eine weitere Pfanne mit Öl erhitzen und darin erst den Pancetta, die Zwiebeln und den gehackten Knoblauch anschwitzen. Nun die Pfifferlinge dazugeben. Zum Schluss mit Salz und Pfeffer würzen und eine Flocke Butter zugeben. Das Fleisch aus dem Backofen holen und kurz ruhen lassen. In der Pfanne, in der das Fleisch gebraten wurde, etwas Butter zerlassen und Thymian, Rosmarin sowie Knoblauch zufügen. Darin das Fleisch kurz nachbraten. Aus der Pfanne nehmen und aufschneiden. Zuerst die Pfifferlinge auf einem Teller anrichten, darauf das Fleisch legen. Rucola daneben anrichten. Alles mit dem Gewürzöl und Meersalz würzen. Zuletzt den Parmesan frisch über den Rucola reiben.

» Dazu passen Nudeln, wie hier z.B. Tagliata

Es gibt Reisende, die immer auf der Suche sind nach regionalen Spezialitäten. Heimisch muss es sein und möglichst aus Urgroßmutters Kochbuch. Keine schlechte Idee, doch manchmal ist eben das Fernweh stärker, gelegentlich will man sich von den Spezialitäten anderer Länder begeistern lassen. In Mülheim beherrschen diese Verführung des Gastes nur wenige Gastronomen so gut wie Sasa Tudor.

Mittelmeer bedeutet im Falle des höchst einladend wirkenden Restaurants Mediterran die Kombination verschiedener Küchen des Mittelmeerraumes. Sowohl französische als auch spanische Einflüsse sind hier zu finden, die frischen Pasta-Spezialitäten wurden von den Traditionen Italiens inspiriert, während andere Kombinationen auf die dalmatische Küche hinweisen. Kenner werden auch Hinweise auf Griechenland oder Kroatien entdecken und staunend der Aufzählung der Tagesangebote lauschen. Gar nicht so einfach, unter den vorhandenen Spezialitäten zu wählen.

Sasa Tudor, geprüfter Hotel-Diplom-Betriebswirt, Rajko Mikic und sein Küchenteam empfehlen gern als erstes die Vorspeisen, aus der sich Unschlüssige einfach eine große Auswahl nach Gusto des Chefs zusammenstellen lassen. Es folgt die Entscheidung zwischen Fisch und Fleisch und damit die Wahl, ob es Dorade aus dem Mittelmeer oder Steinbutt aus dem Atlantik sein soll. Für besondere Gelegenheiten stehen Hummer und, nach Vorbestellung, Languste zur Verfügung – zubereitet oft mit Salbei und Thymian, mit Weißwein, Noilly Prat oder Olivenöl. Und es soll niemand sagen, dass Mittelmeerküche nur aus Fisch und Krustentieren bestände! Fleisch spielt ebenfalls eine mediterrane Rolle im Restaurant, egal ob als Lammkarree mit Rosmarinjus oder als Steak vom US-Beef, einfach gebraten und von wenigen Beilagen bester Qualität umrahmt. Die passenden Weine aus Italien, Spanien oder Frankreich empfiehlt der Chef gleich selbst: Sasa Tudor weiß schließlich am besten, welcher Rebensaft mit der Küche seines Restaurants harmoniert.

Langusste

auf delikater Hummersauce an frischen Salbei-Linguini

Zutaten für 1 Person

1 Languste
130 g frische Linguini
6 Salbeiblätter
20 g Mehl
800 ml Hummerfond
70 g Schalotten
20 g Hummerbutter
30 ml Gemüsebrühe
3 EL Wermut
Olivenöl, Butter, Salz und Pfeffer

Zubereitung

» In einem großen Topf Salzwasser zum Kochen bringen. Die Languste kopfüber hineingeben und etwa 3 Minuten kochen lassen. Aus dem Wasser nehmen und ¾ des Schwanzes halbieren. In einer großen Pfanne Olivenöl erhitzen und zunächst die Fleischseite der Languste für etwa 3 Minuten anbraten, danach die Panzerseite ebenfalls 3 Minuten anbraten. Anschließend etwas Butter hinzufügen und mit Salz, Pfeffer und Zitronensaft abschmecken.

» Für die Hummersauce 20 g Mehl mit 10 g Butter zu einer Mehlbutter verkneten und ins Gefrierfach legen. Schalotten fein würfeln, in Butter glasig dünsten und mit Wermut sowie Hummerfond ablöschen, etwas einkochen lassen. Mehlbutter in Stückchen hinzugeben und weitere 3 Minuten köcheln lassen. Zum Schluss etwas Hummerbutter hinzufügen und mit Salz und Pfeffer abschmecken.

» Die Linguini 2 Minuten in Salzwasser kochen. Salbei kurz in Butter anschwitzen und mit Gemüsebrühe ablöschen. Linguini dazugeben, mit Salz und Pfeffer würzen und mit Butter abbinden.

Les Lauriers
de Rothschild
2007
Mediterran
Restaurant Bar Lounge

Lammkarree

auf provenzalischem Rosmarinjus an Speckböhnchenbouquet und Pommes rissolées

Zutaten für 1 Person

350 g Lammkarree
1 Scheibe Baconspeck
80 g Prinzessbohnen
160 g festkochende Kartoffeln

Jus

30 ml Gemüsebrühe
Rotwein zum Ablöschen
1 EL Olivenöl
Butter
2 Knoblauchzehen
1 Schalotte
Thymian
Rosmarin
Muskatnuss
Salz und Pfeffer

Zubereitung

» Das Lammkarree parieren, mit Salz und Pfeffer würzen und von beiden Seiten ca. 2 Minuten scharf angrillen. Den Backofen auf ca. 180° C vorheizen und das Fleisch mit Olivenöl, Knoblauch, Thymian und Rosmarin marinieren. Etwa 18 Minuten fertig garen, so dass das Fleisch innen schön rosa-saftig ist.

» Die Kartoffeln schälen und mit dem Ausstecher kleine runde Kugeln ausstechen, diese in Salzwasser etwa 8 Minuten garen. Anschließend in ein Sieb gießen und kurz ausdampfen lassen.

» In einer Pfanne etwas Butter erhitzen, die Kartoffeln mit Salz, Pfeffer und Muskatnuss würzen, goldbraun anbraten.

» Für die Prinzessböhnchen im Speckmantelbouquet die Bohnen kurz in Salzwasser blanchieren und mit Eiswasser abschrecken, um die grüne Farbe der Bohne zu erhalten. Den Baconspeck fest um die Bohnen wickeln und in etwas Butter in der Pfanne anbraten, bis der Speck schön kross ist.

» Für die Jus die Schalotte in kleine Würfel schneiden und in Butter glasig andünsten. Rosmarin und Knoblauch dazugeben und mit Rotwein ablöschen. Gemüsebrühe und Jus hinzufügen und ca. 10 Minuten einreduzieren lassen. Die Sauce durch ein Spitzsieb passieren und mit Salz und Pfeffer abschmecken.

» Zum Schluss das Fleisch und die Beilagen auf einem Teller anrichten und mit der Rosmarinjus nappieren.

Aus dem Konzept lässt sich Jörg Hackbarth nicht so schnell bringen – und auch sein Team ist auf alle Eventualitäten vorbereitet. In den mehr als 20 Jahren seiner Existenz hat das Oberhausener Restaurant sämtliche denkbaren Herausforderungen bewältigt – auch die ganz gewaltigen. „Wir können bis zu 1000 Gäste bewirten“, erklärt der Chef. Nicht im Restaurant, sondern in gemieteten Locations, in Hallen oder eigens errichteten Zelten. Für Firmenpräsentationen wie private Geburtstagsfeiern. Verwöhnt wird aber auch der einzeln kommende Hungrige, überzeugt von der Leistung sind seit langem die Einheimischen aller Alterskategorien. „Sterne und Punkte sind nicht das Wichtigste für uns“, sagt Gründer Jörg Hackbarth. Viel bedeutender als die Wertungen der Profi-Tester ist für den Norddeutschen die Zufriedenheit der Gäste. Wiederkommen sollen die und neugierig sein auf das Hackbarth's, seine Aktionen, Gourmetabende und Kochkurse.
Das Interesse wird befriedigt, der Spannungsbogen bleibt auch während eines umfangreichen Menüs bestehen. All die Regeln und Vorschriften eines Gourmetlokals werden hier von einer täglich neu gedruckten Speisekarte fortgespült. Wer das komplette Programm mit Vorspeisen, Hauptgängen und Desserts haben will, bekommt Kreatives von A bis Z, doch wer bloß einen einzelnen Gang ordern will, muss kein Augenbrauenzucken der Bedienung fürchten. Omas Bratkartoffeln zum US-Entrecote werden von hausgemachter BBQ-Sauce begleitet, das Zanderfilet wird mit gebratenen Croissants und Beurre blanc verfeinert. Übersprudelnde Ideen gehören zum Konzept, eine stets faszinierende Mischung aus mediterraner, asiatischer und klassisch französischer Küche macht die Sache vollends spannend, das Sortiment von mehr als 200 Weinen fasziniert. Und weil Jörg Hackbarths Hamburger Wurzeln sich auch beim Fischangebot bemerkbar machen, ist Meeresfrische ebenso garantiert wie Vielfalt. Wenn Gastronomie Zukunft hat, dann sieht sie genau so aus wie in Hackbarth's Restaurant.

Gebratene Hummerkrabben

auf Thai-Salat süß-sauer mit Mango

Zutaten für 4 Personen

16 Hummerkrabben ohne Kopf und Schale
1 Mango
2 Tomaten
75 g Zuckerschoten
75 g Sojasprossen

für das Birnenconfit

100 g Schalotten, fein gehackt
3 Knoblauchzehen, Olivenöl
100 g Zucker
400 g Riesling
2 Limonen
1 EL Limonenschale in feinen Streifen
1 EL Orangenschale in feinen Streifen
1 Vanilleschote
2 Sternanis, 3 Birnen
etwas Speisestärke, Honig, Salz
Chilifäden (oder Sambal Olek)
eventuell Zitronensaft

Zubereitung

» Mango schälen und in Würfel schneiden. Die Tomaten mit kochendem Wasser überbrühen, abziehen und ohne die Kerne ebenfalls in Würfel schneiden. Zuckerschoten blanchieren, abschrecken und in Rauten schneiden. Die Hummerkrabben würzen und braten.

» Für das Birnenconfit Schalotten und gehackte Knoblauchzehen in Olivenöl anschwitzen, Zucker zugeben und karamellisieren lassen. Mit Riesling ablöschen, Limonensaft und Zitrusschalen zufügen. Alles mit Vanillemark und Sternanis auf die Hälfte reduzieren lassen. Birnen schälen, entkernen und das Fruchtfleisch erbsengroß würfeln. In den Fond geben und kurz garen lassen. Das Confit mit Speisestärke andicken und mit Honig, Chilifäden (oder Sambal Olek) Salz und eventuell Zitronensaft abschmecken. Den Salat mit dem Birnenconfit marinieren. Zu den Hummerkrabben servieren.

Kabeljaufilet

auf Schwarzwurzelragout und Rotweinsauce

Zutaten für 4 Personen

4 Stücke Kabeljaufilet à 150 g
etwas Mehl
Salz, Pfeffer
Öl zum Braten
75 g Tomaten-Concassée
750 g Schwarzwurzeln
etwas Essig
75 g Schalottenwürfel
50 g Butter
50 g Pinienkerne, geröstet
ca. 500 g Sahne
Knoblauchsalz, Pfeffer
geriebene Muskatnuss
Speisestärke

für die Rotweinsauce

125 g gewürfelte Schalotten
40 g Speiseöl
150 g Zucker
1 Flasche guter Rotwein
etwas Speisestärke
Salz, Pfeffer
Honig und Balsamico
nach Geschmack

Zubereitung

» Für das Schwarzwurzelragout die Wurzeln gut waschen, schälen und sofort in Essigwasser legen. Anschließend in Stücke schneiden und in Salzwasser al dente kochen.

» Schalottenwürfel in Butter anschwitzen und die gekochten, noch heißen Schwarzwurzeln mit den Pinienkernen zugeben. Etwas von der Sahne angießen, mit Muskatnuss, Knoblauchsalz und etwas Pfeffer würzen, zum Kochen bringen, mit Speisestärke leicht binden. Restliche Sahne zugeben (die Menge variiert nach Geschmack). Für die Optik Tomaten-Concassée unter das Gemüse geben. Zum Servieren in der Mikrowelle erhitzen.

» Für die Sauce die Schalotten in Öl anschwitzen lassen, Zucker zugeben und alles gut karamellisieren lassen. Rotwein auffüllen und die Sauce auf etwa 1/3 reduzieren lassen. Mehrmals abschmecken. Leicht mit Stärke binden. Nach Geschmack mit Honig. Balsamico, Salz und Pfeffer abschmecken. Eventuell die Schalottenwürfel aus der Sauce passieren.

» Die Kabeljaufilets gut würzen, in Mehl wenden und in Öl braten. Fischfilets auf den Schwarzwurzeln anrichten und die Sauce drumherumgeben.

Rezeptverzeichnis Vorspeisen

Schaum vom Ziegenfrischkäse

aus der Dingdener Heidemilch-Molkerei mit Rhabarber

Zubereitung

» Fürs Granité Wasser und Zucker aufkochen und abkühlen lassen, dann mit den restlichen Zutaten verrühren und einfrieren. Die Zutaten für den Frischkäseschaum kurz glatt mixen und in eine Halbliter-Espumaflasche füllen, mit 2 Patronen begasen und kalt stellen.

» Den Pumpernickel klein bröseln oder mixen, den Quinoa in Salzwasser gar kochen und auf einem Küchenpapier abtropfen lassen

» Rhabarber waschen und Fäden ziehen. Die Hälfte des Rhabarbers mit dem Apfelsaft, Himbeeren, Zucker und Wasser einkochen bis noch ca.100 ml übrig sind. Dann durch ein feines Sieb passieren.

» Vom restlichen Rhabarber nochmal die Hälfte in 4 cm Stücke schneiden und in einer heißen beschichteten Pfanne kurz braun anrösten so dass der Rhabarber braun ist und noch Biss hat. Den restlichen Rhabarber in Scheiben schneiden und mit etwas Zucker 2 Stunden ziehen lassen. Den Rhabarber abschütten und den Saft mit dem restlichen Saft aufkochen mit etwas Stärke ganz leicht binden und den Rhabarber zugeben einmal kurz köcheln lassen.

» In eine Tasse das Rhabarberchutney geben, darauf den Ziegenkäseschaum sprühen, mit Pumpernickel und Quinoa bestreuen, mit ein paar Radieschenscheiben und gewaschenen Radieschenblättern dekorieren und zum Schluss mit einer Gabel das Granité aufraspeln und darübergeben.

Rezept von Henning Buchmann
Restaurant Carpe Diem, Hamminkeln-Marienthal

Zutaten für 4 Personen

Joghurtgranité

175 ml Wasser
30 g Zucker
220 g Ziegenjoghurt
60 g Joghurt
Saft von einer halben Limone

Ziegenfrischkäseschaum

250 g Ziegenfrischkäseschaum
100 ml Sahne
50 ml Ziegenmilch
100 g Sauerrahm
1 EL Rapsöl, Salz

Quinoa und Pumpernickelbrösel

50 g Pumpernickel

zur Garnitur

Radieschen und Radieschenblätter

Rhababerchutney und gerösteter Rhabarber

600 g Rhabarber
100 ml Apfelsaft
100 ml Wasser
50 g Himbeeren (tiefgekühlt)
50 g Zucker
etwas Stärke

Rezeptverzeichnis Hauptgerichte

Gebratene Perlhuhnbrust
mit Trüffelrisotto

Zutaten für 4 Personen

4 Perlhuhnbrüste
2 Zweige Rosmarin
150 g Risottoreis
Weißwein
2 l Geflügelbrühe
frischer schwarzer Trüffel
3 EL Trüffelöl
50 g frische Butter
Öl zum Braten des Fleisches
50 g Schalottenwürfel
100 g geriebener Parmesan
100 g feine Erbsen und Möhrenkugeln
Salz, Pfeffer, Zucker

Rezept von Theo Friederichs und Alexander Klein,
NT Bistro – Hotel Friederichs, Duisburg-Neudorf

Zubereitung

» In einem breiten, flachen Topf Schalottenwürfel in Butter und Trüffelöl glasig anschwitzen. Den Reis zugeben und angehen lassen, mit Weißwein ablöschen und mit der kochenden Geflügelbrühe unter ständigem Rühren fast gar kochen. Beiseite stellen.

» In einer Pfanne die Perlhuhnbrüste mit Öl und Rosmarin langsam braten, mit Salz und Pfeffer würzen und warmstellen. Erbsen und Möhrenkugeln in Butter mit Salz und Zucker sowie Wasser gar kochen.

» Risotto mit Parmesan, Butter, Salz, Pfeffer und Zucker würzen, Trüffel darüberhobeln. Mittig auf einem Teller anrichten, die Perlhuhnbrust in Tranchen aufschneiden und Erbsen und Möhren verteilen.

Rehrücken

mit Rhabarber und Gewürzwaffel

Zutaten für 4 Personen

4 Rehrücken à ca. 140 g
Salz, Pfeffer

Gewürzwaffel

180 g Weizenmehl
180 g Butter, flüssig
60 g Zucker
3 Eier
3 EL Pflaumenmus
1 TL Backpulver
1 EL 5-Gewürze-Mischung

Rhabarberfond

50 g Zucker
25 ml Weißwein
85 ml Champagneressig
30 g Himbeeren
200 ml Apfelsaft
Vanille, Nelke, Sternanis

Haselnusswürze

1 EL Pfeffer, schwarz
1 EL Kümmel
1 EL Koriander
200 g Haselnüsse, geröstet
4 EL Sesam, weiß
8 EL Puderzucker
Thymian, Meersalz

Rhabarber, confiert

100 g Rhabarberrauten
300 ml Rhabarberfond

Rhabarberchutney

200 g Rhabarberbrunoise
100 ml Rhabarberfond

Zubereitung

» Für die Gewürzwaffel Zucker und Eier aufschlagen. Restliche Zutaten zugeben und vermengen.

» Für den Rhabarberfond alle Zutaten kurz aufkochen und bei kleiner Flamme 10 Minuten ziehen lassen, anschließend passieren.

» Für die Haselnusswürze Pfeffer, Kümmel und Koriander rösten. Haselnüsse, Sesam und Puderzucker zugeben und mixen.

» Für den confierten Rhabarber den Rhabarber mit heißem Sud bedecken und über Nacht im Fond marinieren. Anschließend trocken tupfen und mit der Haselnusswürze bestreuen.

» Für das Chutney den Rhabarberfond aufkochen, die Brunoise zugeben und einreduzieren lassen.

» Rehrücken kurz anbraten, mit der Haselnusswürze rundum bestreichen und bei 160° C im vorgeheizten Backofen 5 Minuten garen.

» Aufschneiden und alles zusammen anrichten.

Rezept von Michael Dyllong, Restaurant Palmgarden, Dortmund

Rezeptverzeichnis Desserts

Rezept von Michael Klaus Holzum, Restaurant Op de Poort, Rees

Erdbeer-Tiramisu

Zutaten für 8-10 Personen

12 Eigelbe
200 g Puderzucker
1 kg Mascarpone (Galbani)
etwas Vanillearoma
1 Pck. Löffelbisquit
400 ml Erdbeermark
4 Bl. Gelatine
150 ml Sahne

Vorbereitung

» Den Boden einer viereckigen Schale mit halbhohem Rand mit den Löffelbisquits (die gezuckerte Seite nach oben) bedecken.

» Mit 200 ml Erdbeermark tränken.

» Die Sahne steif schlagen.

» Die Gelatine in kaltem Wasser einweichen.

Zubereitung

» Die Eigelbe mit dem gesiebten Puderzucker kräftig kalt aufschlagen.

» Mascarpone und Vanille-Aroma zugeben und kurz und kräftig unterschlagen.

» Die Gelatine auflösen und zügig unterrühren.

» Die Sahne nach und nach unterheben.

» Die Masse auf den Löffelbisquit geben.

» Das restliche Erdbeermark auf die Tiramisu geben und mindestens einen halben Tag durchkühlen lassen.

Laguna

Rezept von Heinz Anschlag

Zutaten

1 Longdrinkglas
2 cl Disaronno
5 cl Blue Curaçao
6 cl Ananassaft
8 cl Clementinensaft
6 Eiswürfel

Zubereitung

Die Zutaten in einen Shaker geben und einige Eiswürfel dazugeben. Gut schütteln und in ein Longdrinkglas mit 6 Eiswürfeln füllen. Beliebig dekorieren.

Campirinha

Rezept von Heinz Anschlag

Zutaten

1 Longdrinkglas
5 cl Campari
2 TL brauner Zucker
1 Limette
Crushed Eis

Zubereitung

Die Limette achteln, zusammen mit dem braunen Zucker im Glas mit einem Stößel ausdrücken, sodass sich der Zucker gut mit dem Saft vermischt. Dann gestoßenes Eis zugeben und beliebig mit Campari auffüllen.

Mulsum Sprizz (Aperitif)

Christoph Staymann
Römische Herberge, Xanten

Zutaten

Gewürzwein für 4–8 Personen
500 ml Weißwein, 200 g Honig
70 g getrocknete Datteln, ohne Kern
2 Kardamomkapseln, 2 Gewürznelken
2 Lorbeerblätter, ½ TL Fenchelsamen
½ TL Pfefferkörner

Zubereitung

Die Datteln klein schneiden und mit dem Wein und dem Honig aufkochen lassen.
Die Gewürze in einem Mörser grob zerstoßen und in den warmen Wein geben.
Alles in ein verschließbares Gefäß geben und 5–6 Tage an einem dunklen, kühlen Ort ziehen lassen. Hin und wieder schütteln, danach durch ein feines Sieb passieren und den gewonnenen Gewürzwein kalt stellen.

Glühmost

Peter Waldmann
Wellings Hotel zur Linde, Moers

Zutaten

1 l Apfelsaft, trüb
abgeriebene Schale und Saft
von 1 Bio-Zitrone
abgeriebene Schale und Saft
von 1 Bio-Orange
3 Nelken
1 Sternanis
1 Zimtstange
1 Stück Ingwer, ca. 2 bis 3 cm

Zubereitung

Den Ingwer schälen und in dünne Scheiben schneiden. Den Most mit allen Zutaten erhitzen – nicht kochen! – und etwa 15 Minuten ziehen lassen. Durch ein feines Sieb abseihen. Nach Belieben mit etwas Honig oder Zucker süßen.

Zabella

Rezept von Heinz Anschlag

Zutaten

1 Longdrinkglas
4 cl Wodka
6 cl Cranberry Saft
6 cl Limon Juice,
hier geht auch Zitronensaft
2 cl Maracujasirup
ca. 6 Eiswürfel
oder gestoßenes Eis

Zubereitung

Alle Zutaten nacheinander ins Glas geben und die Eiswürfel dazugeben. Verwendet man gestoßenes Eis, das Eis als erstes ins Glas geben.

Blue Power

Rezept von Heinz Anschlag

Zutaten

1 Longdrinkglas
1 ungespritze Zitrone
8 cl Ginger Ale
6 cl Curaçao Blue
1 cl Gin
Bitter Lemon oder Gin Tonic
6 Eiswürfel

Zubereitung

Die Zitrone waschen und die Schale spiralenförmig abschälen. Den Ginger Ale, den Curaçao und den Saft einer halben Zitrone mit 4 Eiswürfeln im Shaker schütteln und in das Longdrinkglas seihen. Mit Bitter Lemon auffüllen und den Drink mit der Zitronenspirale dekorieren.

Restaurantverzeichnis von A – Z

Restaurantverzeichnis von A – Z

Cocktailbilder von Seite 261 bis 263:

Seite 261: Cocktail Glühmost
Seite 262: Cocktail Zabella
Seite 263: Cocktail Blue Power

Rezepte auf Seite 258

230 **Restaurant Palmgarden**
Michael Dyllong
Hohensyburgstraße 200
44265 Dortmund
0231 / 7740-700
www.palmgarden-restaurant.de

28 **Ratskeller Aachen**
Maurice de Boer
Markt 40
52062 Aachen
0241 / 35001
www.ratskeller-aachen.de

210 **Restaurant Renzis**
Tobias Bähner
Grafschafter Straße 197
47199 Duisburg-Baerl
02841 / 9811123
www.renzis.de

24 **Reuters House**
Michael Wolf
Pontstraße 117
52062 Aachen
0241 / 1897666
www.cusina-culinaria.com

40 **Römers Restaurant**
Hans-Peter Römer
Wiesenstraße 29
41372 Niederkrüchten Brempt
02163 / 80428
www.roemers-restaurant.de

164 **Römische Herberge**
Christoph Staymann
Archäolgischer Park 2
46509 Xanten
02801 / 3415
www.roemische-herberge.de

36 **See Park Janssen**
Andreas Rauch & Marc Janssen
Danziger Straße 5
47608 Geldern
02831 / 929-0
www.seepark.de

66 **Restaurant Sonneck**
Ernst-Willi Franken
Schlossstraße 61
41334 Nettetal
02153 / 4157
www.restaurantsonneck.de

98 **Restaurant Spitzweg**
Marika Weinhold
Glockhammer Straße 43a
41468 Neuss
02131 / 6639660
www.restaurant-spitzweg.de

130 **Straetmanshof**
Anne und Andreas Straetmans
Dorfstraße 199
47647 Kerken
02833 / 4596
www.bauernkaese.info

82 **Thomas Restaurant**
Daniel Thomas
Issumer Straße 72
47608 Geldern
02831 / 9760600
www.thomas-restaurant.de

90 **Trattoria La Piazza**
Lorenzo und Giuska Gashi
St. Clara Platz 1
47623 Kevelaer
02832 / 3833
www.trattoria-lapiazza.de

222 **Villa Patrizia Am Kaiserberg**
Patrizia und Nico Bodean
Mülheimer Straße 213
47058 Duisburg
0203 / 330480
www.villa-patrizia-online.de

176 **Waldhotel Tannenhäuschen**
Oswald Heidelbach
Am Tannenhäuschen 7
46487 Wesel
0281 / 9669-0
www.tannenhaeuschen.de

172 **Walter Bräu**
Walter Hüsges
Perricher Weg 54 c
46487 Wesel-Büderich
02803 / 1597
www.walterbrau.de

134 **Wellings Parkhotel**
Wolfgang Labudda & Elmar Welling
Neuendickstraße 96
47475 Kamp-Lintfort
02842 / 21040
www.wellings.de

142 **Hotel zur Linde**
Peter Waldmann & Elmar Welling
An der Linde 2
47445 Moers-Repelen
02841 / 9760
www.hotel-zur-linde.de

Bildnachweis

Alle Bilder: Heinz Anschlag

außer Bilder:
Seiten 28 – 31 (Ratskeller)
Seite 234 Fotos links und unten rechts (Kais Restaurant)
Seite 238 Fotos oben und unten mitte (Restaurant Mediterran)

Danksagung an
ASA Selection GmbH · www.asa-selection.de

Impressum

Umwelthinweis:
Der Inhalt dieses Buches wurde auf Papier
mit chlorfrei gebleichtem Zellstoff gedruckt.
Das Einbandmaterial ist recyclebar.

Die Deutsche Bibliothek – CIP Einheitsaufnahme

Spitzenköche zwischen Rhein und Maas
Heinz Anschlag
Steinfurt; Tecklenborg Verlag, 2014
ISBN: 978-3-944327-17-4
1. Auflage 2014

Fotografie: Heinz Anschlag, www.heinz-anschlag.de
Text: Klaus-Werner Peters
Fotografischer Assistent: Ramiro Schmitz-Sprinkmeier

Gesamtherstellung: Druckhaus Tecklenborg, Steinfurt

ISBN: 978-3-944327-17-4

KOCH
A. Klein
inside
restaurant bar lounge

FRANK SCHWARZ
FRANK SCHWARZ
ACADÉMIE DE CUISINE
ACADÉMIE DE CUISINE
ACADÉMIE DE CUISINE